1930년대 일본, 잡지의 시대와 대중

—『모던 일본』과 '모던'계 잡지

장유리_경북대학교 인문대학 일어일문학과 조교수·경북대학교 일본연구센터 센터장

1930년대 '제국 일본'의 모던을 주제로 나고야대학(名古屋大学)에서 문학박사학위를 취득하였다. 근대의 대중문화에 대해 도시, 매체, 젠더, 식민지 등 다양한 관점에서 연구하고 있으며 특히 잡지 미디어를 중심으로 일본뿐 아니라 동아시아의 근대적 특성에 대해 규명하고자 하는 활동을 하고 있다.

경북대학교 인문교양총서 57

1930년대 일본, 잡지의 시대와 대중

『모던 일본』과 '모던'계 잡지

초판 1쇄 인쇄	2023년 8월 24일
초판 1쇄 발행	2023년 8월 31일
지은이	장유리
기 획	경북대학교 인문대학
펴낸이	이대현
편 집	이태곤 권분옥 임애정 강윤경
디자인	안혜진 최선주 이경진
마케팅	박태훈
펴낸곳	도서출판 역락
출판등록	1999년 4월 19일 제303-2002-000014호
주소	서울시 서초구 동광로 46길 6-6 문창빌딩 2층 (우06589)
전화	02-3409-2060
팩스	02-3409-2059
홈페이지	www.youkrackbooks.com
이메일	youkrack@hanmail.net

ISBN 979-11-6742-590-4 04680
　　　978-89-5556-896-7(세트)

이 책은 정부재정(지원)사업(국립대학육성사업)으로 한국연구재단의 지원을 받아 경북대학교 인문대학에서 제작되었습니다.

1930년대 일본,
잡지의 시대와 대중
—『모던 일본』과 '모던'계 잡지

장유리 지음

경북대학교 인문교양총서

057

역락

일본 유학 시절에 만난 한 편의 영화가 그 후의 인생을 바꾸게 될 줄은 몰랐다. 박사과정에 진학한지 얼마 안 된 2011년 여름, 일본인 선배가 영화를 몇 편 추천해 주었는데 그중에 당시 한참 좋아하던 배우가 나오는 영화가 있었다. "마 가이쇼(馬海松)라고 알아? 조선인인데 잡지『모던 일본(モダン日本)』의 편집장이었다고 하더라." 선배가 영화의 DVD를 건네면서 함께 덧붙인 말이 박사학위 논문의 출발점이 되었다.

〈언덕을 넘어서(丘を越えて)〉(2008)는 1930년대 일본을 배경으로 실존 인물을 주인공으로 하면서도 허구적 스토리를 그리고 있는 영화이다. 이 영화는 근대일본의 대중문화를 견인한 문학자이자 출판인이었던 기쿠치 간(菊池寬)과 그의 비서, 그리고 그가 아끼던 조선인 청년 마 가이쇼의 삼각관계를 중심으로 전개되는데 영화 속에 당시 실제로 문예춘추사(文藝春秋社)에서 간행되었던 잡지『모던 일본』과 그 편집 작업의 흔적이 엿보인다. '마 가이쇼'는 조선인 마해송의 이름을 일본식 발음으로 읽은 것으로 우리나라에서는 아동문학의 선구자로 알려진 동화작가 마해송이 일본에서 활동했을 때 불렸던 이름이다. 식민지시기 일본으로 건너간 청

년 마해송은 조선의 아동 잡지를 통해 동화를 발표하는 한편 일본에서는 대중문화를 다루는 인기잡지 『모던 일본』의 편집장으로 문화계의 중심에서 활약하였다. 조선인이 펴낸 일본의 대중잡지, 그것이 내가 잡지 『모던 일본』과 1930년대 '제국 일본'의 대중문화에 관심을 가지게 된 시작점이었다.

1930년대 일본은 그야말로 격변의 시대였다. 1930년 전후에는 화려함이 정점에 달한 도시문화를 배경으로 모던걸, 모던보이가 백화점과 카페 등이 즐비한 거리를 활보하였고, 영화나 유행가 같은 대중문화에 사람들이 열광했다. 하지만 그러한 문화가 꽃피던 시기에 일본은 전 세계를 참화로 몰고 간 길고 긴 전쟁의 서막 또한 준비하고 있었다. 1930년대 초에 일본을 지배한 소비와 향락의 문화인 모던의 시대와 1931년 만주사변으로 시작하여 중일전쟁(1937), 진주만공습(1941)으로 이어지며 온 나라를 장악한 엄혹한 전쟁의 시대가 교차된 것이 바로 일본의 1930년대였다.

일본의 1930년대는 근대 대중문화의 최전성기인 전반과 전쟁과 파시즘이 온 나라를 눈멀게 한 후반으로 나누어져 극명하게 다른 분위기가 사회를 지배했다. 일본의 역사에서 1930년대는 '제국 일본'이 구축해 온 근대의 가장 큰 갈림길이었다. 국가와 국민이 총동원된 전쟁이 일본 사회를 급격히 바꾼 1930년대 후반, 이전에 유행했던 다양한 대중문화는 사회 전면에서 자취를 감추었다. 대중문화를 즐기던 사람들은 '제국 일본'의 '국민'이 되었으며 전쟁의 충실한 행위자가 되는 것만이 자신의 존재를 증명할 수 있는 유일한 방법이었다.

‘국민’은 일본의 근대를 읽어내는 아주 중요한 키워드 중 하나이다. 일본이 수행한 전쟁에서 적들에게 가장 이해할 수 없는 존재, 가장 두려움을 안겨주었던 존재는 강력한 군대나 무기가 아니라 국가와 천황을 위해서라면 가미카제 특공대(神風特攻隊)의 자살 공격까지 감행할 수 있는 맹목적인 ‘국민’이었다. 전쟁이 시작되기 전에는 서구에서 유래된 유행문화를 즐기던 대중은 전시하 체제에서 천황을 중심으로 한 강력한 파시즘을 뒷받침하는 ‘국민＝신민’으로 변하였다. 대중이 전쟁에서 자신의 목숨을 바치는 것을 둘도 없는 영예로 알며 전장으로 뛰어드는 ‘국민＝신민’이 된 것은 오로지 군국주의자들에게 세뇌되어 떠밀리기만 한 결과도 아니고 어느 날 갑자기 일어난 일도 아니었다. 1930년대라는 시대 속에서 대중은 큰 충돌이나 위화감 없이 자연스럽게 ‘국민’으로 바뀌었다. 문화의 주체였던 대중이 전쟁의 충실한 행위자인 ‘국민’으로 변모하는 과정은 근대와 ‘제국 일본’에 관련된 문제에서 중요한 위치를 차지하고 있다. 하지만 대중이 어떻게 ‘국민’으로 변모해갔는지에 대해서 그 과정을 문화적인 영역에서 다룬 담론은 그리 많지 않다.

이 책은 대중이 이렇게 극단적으로 변화하게 된 원동력이 1930년대 일본 대중문화를 통해 배양되었다는 생각을 바탕에 두고 당시 일본의 대중문화를 견인한 잡지 미디어가 대중이라는 존재를 어디로, 또 어떻게 이끌었는지를 살펴보고자 하였다. 이 책에서 살펴볼 『모던 일본』을 비롯한 ‘모던’계 잡지는 1920년대 후반에서 1930년대 초까지 유행한 일본 대중문화를 상징하는 모던 문화를 중심 주제로 다루는 일련의 잡지를 의미한다. '모던'계 잡지는 한 시대를 풍미한 문화를 다룬 잡지 미디어임에도 불구하고 그에 관한 연구나 책의 출판이 활발하게 진행되지는 않았다. 당시 가벼운 오락거리로 소비되던 대중잡지의 속성 상 자료로서의 가치를 인정받아 보존되는 일이 흔치 않았고 또 '모던'계 잡지들이 대부분 소규모로 출판되었기에 남아 있는 자료가 적어 자료의 실체에 접근하기 어렵기 때문이다.

그러나 '모던'계 잡지에는 근대의 문화를 견인하던 존재인 잡지 미디어와 근대에 등장한 대중이라는 집단 사이의 영향 관계가 명확히 드러나 있어 1930년대 일본의 대중문화를 살펴보는 데에 중요한 의미를 지니고 있다. 따라서 이 책에서는 '모던'계 잡지, 그중에서도 특히 『모던 일본』을 중심으로 한때의 유행으로만 치부되었던 모던의 실체 및 대중과의 영향 관계를 밝힘으로써 이제까지 드러나지 않던 일본 근대 대중문화의 일면을 살펴보고자 한다.

이 글의 첫머리에서도 밝혔듯이 1930년대 일본 대중잡지에 관한 관심은 박사과정에 들어간 직후에 만난 『모던 일본』으로 시작되었으며 지금까지 여전히 이어지고 있다. 이 책은 10여 년 동안 1930년대 '제국 일본'의 대중문화와 잡지 미디어에 관해 가졌던 관심의 결과물을 정리한 것이며 박사과정 때 발표한 논문과 그 이후에 학술지에 발표했던 일본 대중잡지에 관한 논문을 토대로 하고 있음을 미리 밝혀둔다.

목차

들어가며   5

제1장   대중의 시대와 잡지 미디어   13

근대 일본의 시작   15
'읽을 수 있는' 대중의 등장   19
엔터테인먼트로서의 인쇄매체 등장   23
1930년대 모던 문화의 특성   29
'모던'계 잡지의 등장과 성격   32

제2장   잡지『모던 일본』이 구축한 모던과 행동하는 독자   37

마해송이『모던 일본』을 바꾸어 놓다   39
'모던'계 잡지의 내용과 그 특성   42
복간을 기점으로 달라진『모던 일본』   45
대중을 사로잡기 위한『모던 일본』의 전략
―첫 번째, '이동하는 젊은이'를 타깃으로   50
대중을 사로잡기 위한『모던 일본』의 전략
―두 번째, 잡지의 브랜드화   53

대중을 사로잡기 위한 『모던 일본』의 전략
—세 번째, 독자를 행동하는 주체로   58

제3장   행동하는 대중과 내셔널리즘의 조우   65

대중에서 '국민'으로 가는 길   67
모던 문화를 통해 형성된 대중의 욕망   70
모던과 파시즘의 공동영역, 스포츠   73
대중잡지에 나타난 스포츠 기사의 특성과 "편듦"   76
『모던 일본』이 올림픽을 바라보는 시선   82
대중잡지의 스포츠 기사와 파시즘으로 유도된 대중   85

제4장   '모던'계 잡지 속의 여성   89

모던걸의 중층성   91
모던 속에서 여성을 바라보는 남성의 시선
—신체의 분절화와 '에로'   93
여성이 바라보는 '에로'를 파는 여성   96
'로맨틱 러브 이데올로기'가 지배하는 여성들의 인식   100
'좋은 의미의 모던걸'   102
'모던'계 잡지에 나타난 여성 문학자   106
'로맨틱 러브 이데올로기'와 여성의 규범화   111

제5장   '모던'계 잡지로 보는
        1930년대 일본 지역사회의 대중문화   119

지역사회를 중심으로 간행된 '모던'계 잡지   121
젊은 여성을 독자로 설정한 가벼운 읽을거리 『모던 도쿄』   124

가나자와의 대중문화를 다루면서도 중앙을 의식한
『모던 가나자와』   129

개항지라는 요코하마의 정체성을 추구한 『모던 요코하마』
                                                                135

'모던'계 잡지가 드러내는 1930년대 일본 지역사회의
대중문화   141

**제6장   모던을 벗어나 제국주의로
        ―1930년대 후반 이후의 『모던 일본』   145**

잡지 미디어의 '전쟁 책임'   147
'전쟁 책임'에서 벗어나 있는 『모던 일본』   148
1937년 전후의 잡지계에 일어난 변화   151
전시하 체제에서의 『모던 일본』   154
프로파간다로서의 『모던 일본 조선판』   160
『모던 일본 조선판』 39년판과 40년판의 차이   163
『모던 일본 조선판』에 나타난 프로파간다의 특징과 마해송
                                                                168

나오며   173

주석   177
참고문헌   180

일러두기

· 이 책에서 사용한 잡지 자료의 소장처는 다음과 같다.

『모던(モダン)』『모던 일본(モダン日本)』(제2권10호, 제8권 2호), 「모던 일본 클럽(モダン日本クラブ)」『모
던 라이프(モダンライフ)』『모던 댄스((ザ) モダン·ダンス)』: 사사키 야스아키 씨 기증 군마 현립 쓰
치야 분메이 기념문학관(佐々木靖章氏寄贈·群馬県立土屋文明記念文学館) 소장

『모던풍(モダン風)』『모던 도쿄(モダン東京)』: 일본근대문학관(日本近代文学館) 소장

『모던 가나자와(モダン金沢)』: 산키문고(山鬼文庫) 소장

『모던 요코하마(モダン横浜)』: 요코하마 시립 도서관(横浜市立図書館) 소장

· 이 책에서는 단행본, 잡지, 신문을 나타낼 때는 『』기호를, 단편 작품이나 잡지·신문기
사를 나타낼 때는 「」기호, 영화와 노래 제목을 나타낼 때는 〈〉 기호를 사용하였다.

제1장

대중의 시대와 잡지 미디어

근대 일본의 시작

일본의 근대는 오랜 기간 문을 닫아걸고 세워두었던 둑이 무너지며 밀려들어온 서구화의 물결에 압도되면서 시작되었다. 각 지방의 영주들이 서로 패권을 잡기 위해 전쟁을 벌였던 전국시대(戰国時代)가 17세기 초에 도쿠가와 이에야스(德川家康)의 천하통일로 막을 내리고 에도 막부(江戸幕府)가 세워졌다. 그 후로 도쿠가와 가문의 에도 막부는 긴 전란의 끝에 찾아온 평화를 유지하기 위하여 국내외로 많은 노력을 기울였고 외세의 침입에 대비하여 철저히 쇄국 정책을 고수하였다. 하지만 1853년 미국의 페리 제독이 '구로후네(黒船)'라 불리는 검은 함선을 이끌고 일본을 찾아와 문호를 개방할 것을 요구한 지 불과 15년 만에 에도 시대는 막을 내렸다. 이로써 일본은 250여 년 동안 이어진 쇄국에서 벗어나며 봉건제 국가에서 근대국가로 첫걸음을 내딛게 되었다.

일본의 시작을 그린 건국신화는 이자나기(イザナギ)와 이자나미(イザナミ)라는 남매지간의 두 신이 하늘신들의 명령을 받아 땅으로 내려와 일본의 국토를 만드는 것에서부터 시작된다. 부부

가 된 이자나기와 이자나미는 일본의 국토를 만들고 난 뒤 다양한 신들을 낳았는데 가장 마지막으로 태양신 아마테라스(天照)와 달의 신, 바다의 신을 낳고 이 세 신에게 세상을 다스리라 명한다. 여기에 등장하는 태양신 아마테라스가 일본 초대 천황인 진무 천황(神武天皇)의 직접적인 조상에 해당한다. 즉 일본이라는 나라의 시작은 신의 핏줄을 이어받은 천황가의 시작과 맞닿아 있다. 또 신화의 영역을 벗어난다고 해도 고대 일본에 중앙집권국가가 수립되는 데에 토대가 된 두 가지 힘은 불교와 강력한 천황제의 확립이라고 할 수 있다. 이처럼 천황은 일본이 탄생했을 때부터 나라의 중심으로 존재했으며 나라 시대(奈良時代, 8세기), 헤이안 시대(平安時代, 8-12세기)에 귀족이 외척 정치를 펼치며 득세를 하게 된 후에도 천황은 여전히 국가의 중심이었다.

그러나 헤이안 시대에 중앙귀족과 그들의 장원을 보호하는 역할을 맡게 된 지방의 호족이 세력을 확장해가면서 일본을 지배해온 권력구조에 변화가 생겼다. 바로 무사 계급의 등장이다. 우리가 일본이라고 하면 떠올리는 대표적 이미지 가운데 '사무라이'가 있다. 일본어로 '가까이에서 모시는 사람(侍う人)'에서 유래된 '사무라이(侍)'는 이 시기 중앙귀족을 모시고 지키던 호족을 가리키는 말로 사용되다가 이후 무사라는 뜻으로 정착되었다.

무력을 갖추고 중앙귀족을 모시던 호족은 곧 귀족 세력을 위협할 만한 세력으로 성장하였고 이윽고 12세기 말에 미나모토노 요리토모(源頼朝)에 의해 가마쿠라 막부(鎌倉幕府)가 세워지면서 무사 정권의 시대가 열리게 되었다. 이후 쇼군(将軍)을 정점으로 한 지배 체제인 막부는 문명개화와 함께 근대국가가 성립되는 19세기 중엽까지 이어지면서 일본에서는 600년이 넘도록 무사가 지배하는 사회가 유지되었다. 그러나 무사들이 일본 국내의 실권을 장악하고, 명나라가 무로마치 막부(室町幕府)의 3대 쇼군인 아시카가 요시미쓰(足利義満)를 일본국왕(日本国王)으로 봉하는 등 쇼군이 외교적으로도 일본의 지배자로 인정받던 무사 정권 시기에도 천황은 사라지지 않았다. 비록 국정에 강력한 권력을 행사할 수 있는 존재는 아니었지만 상징적인 존재로나마 존속되었던 것이다.

일본의 중세와 근세는 최고지배자인 쇼군과 영주인 다이묘(大名)를 중심으로 한 봉건제 국가였는데 쇼군이 머무는 성을 중심으로 행정부인 막부가 설치되었다. 우리가 흔히 말하는 막부 이름은 쇼군의 성이 있던 지역 이름을 딴 것으로 가마쿠라 막부는 가마쿠라성을 중심으로, 에도 막부는 지금의 도쿄(東京)에 해당하는 에도성을 중심으로 한 막부였다. 쇼군이 바뀌고 막부가 바뀌는 사이에도 천황은 조용히 교토(京都)에 머무르며 자리를 지키고 있었다.

천황이 다시 역사의 전면에 등장한 것은 막부의 몰락과 함께였다. 에도 막부 말기에 미국 해군 동인도함대의 페리 제독이 일본의 항구를 찾아와 문호를 개방할 것을 요구하였다. 이때 문호를 개방하는 과정에서 막부의 무능함이 드러나자 막부를 타도하고 새로운 체제의 국가를 수립하고자 하는 움직임이 거세졌다. 여기서 막부 반대파가 근대국가로 체제를 전환하기 위하여 구심점으로 삼은 것이 천황이었다. 이들은 세력을 결집하여 막부를 해체하고 왕정복고를 이루어내었으며 메이지 천황(明治天皇)을 중심으로 한 메이지(明治) 정부를 수립하였다. 근대국가로서 일본이 내디딘 첫걸음이자 그 후로 이어지는 일본의 근대를 상징하게 되는 것이 바로 메이지 정부의 수립부터 시작되는 천황의 절대권력화였다.

1867년, 메이지 천황이 황위에 오르고 근대 일본의 서막인 메이지 시대(1868-1912)가 열렸다. 메이지 천황은 한 임금의 재위 중에는 하나의 연호만을 사용하고 도중에 고치지 않는다는 잇세이이치겐(一世一元)을 천명하고 연호를 메이지라 하였으며 에도의 이름을 도쿄로 바꾸고 수도로 삼았다. 그야말로 천황을 중심으로 한 강력한 국민국가의 출발이었다. 그리고 근대국가에 걸맞은 국가 체제를 구축하기 위하여 메이지 유신(明治維新)을 통해 나라 전체의 시스템을 급속도로 근대화하였다. 메이지 유신은 에도 막부의 권력을 완전히 타도하고 메이지 정부에 의해 천황이 실제적인 통치 권력을 가지게 되는 체제로 전환되기까지 정치, 군사, 행정, 사회, 문화, 교육 등 다양한 방면에서 시행된 일련의 개혁을 의미한다. 깨어난 민중에 의한 혁명이 근대화의 길을 열었던 서구와 달리 메이지 유신은 위에서부터 내려온 혁명으로 민중이 스스로 깨어나기를 기다리지 못하고 지배층에 의해 주도된 근대화였다고 할 수 있다.

'읽을 수 있는' 대중의 등장

안으로는 메이지유신을 통해 근대화를 이루고 밖으로는 청일전쟁, 러일전쟁을 수행하며 제국주의의 길로 들어섰던 메이지 시대에 일어난 사회문화적인 큰 변화로 근대교육의 시작을 꼽을 수 있다. 에도 시대에는 우리나라의 서당에 해당하는 데라코야(寺子屋) 등을 중심으로 한 민간 교육이 이루어졌으나 메이지 초기에 근대 학교교육을 도입하여 법령에 따라 초·중·고등학교를 단계별로 설치하고 신분과 성별에 상관없이 학교 교육을 받을 수 있게 하였다. 이러한 교육의 변화로 인해 글을 읽을 수 있는 사람의 수가 많아지면서 책을 읽는 행위 그 자체도 변화하기 시작하였다.

예로부터 일본 문학은—비단 일본 문학만이 가지는 현상은 아니지만— 소리 내어 읽는 음독 중심의 문화를 가지고 있었다. 일본 문학 사상 최고의 걸작이자 '천 년의 베스트셀러'라고 불리는 헤이안 시대의 『겐지 모노가타리(源氏物語)』에는 다른 사람에게 글을 읽게 해서 그것을 즐겼다는 구절이 나온다. 또 일본의 중세 시대에는 눈이 보이지 않는 승려들이 악기 비파를 연주하면서 그 반주에 이야기를 곁들여 청중에게 들려주었는데 이들을 비파 법사라 한다. 비파 법사들은 헤이안 시대 말기에 무사 가문으로서 미나모토(源) 가문과 나란히 패권을 다투었던 다이라(平) 가문의 흥망성쇠를 다룬 『헤이케 모노가타리(平家物語)』를 바탕으로 헤이쿄쿠(平曲)라는 노래를 만들어 사람들에게 들려주었다. 이 비파 법사가 노래로 읊어주는 이야기는 신분 고하를 막론하고 가마쿠라 말기 사람들에게 최고의 오락거리로 손꼽혔다. 음성으로 전달되는 헤이쿄쿠는 그때까지 귀족을 비롯하여 글을 읽을 수 있던 지식계층을 중심으로 향유된 그들만의 문학을 일반 서민이 함께 즐길 수 있는 것으로 바꾼 최초의 문학이었다.

이러한 음독 중심의 문화는 시대가 변해도 여전히 일본 문학의 대표적인 향유 방식으로 존재하였으며 근대에 들어서도 이는 바뀌지 않았다. 문학 평론가 마에다 아이(前田愛)가 『근대 독자의 성립(近代読者の成立)』(1973)에서 지적한 바와 같이 근대에 들어서며 근대 학교교육이 시행되고 인쇄술의 발달과 더불어 신문이나 단행본 등 인쇄매체도 엄청난 확장세를 보였지만 글을 읽을 수 있는 사람의 비율은 그러한 환경의 변화에 비해 더디게 늘어났다. 문명개화를 맞으며 세태를 빠르게 이해하고 싶은 사람들에 비해 글을 읽을 수 있는 사람은 적었고 따라서 글을 아는 사람이 사람들을 모아두고 책이나 신문에 실린 정보를 말로 풀어 설명해주는 모임이 존재하였다. 또 가정에서도 신문을 한 사람이 읽어주고 나머지 가족들이 듣는 풍경이 연출되었다.

그러나 학교교육의 정착과 함께 글을 읽을 수 있는 사람들이 점점 늘어나고 학교나 도서관, 철도 등이 독서 공간으로 자리 잡으면서 책을 읽는 행위에 더 이상 소리는 필요하지 않게 되었다. 소리를 내서 같은 공간에 있는 사람들과 공유하며 읽는 행위가 혼자서 수행하는 개인적인 독서 행위로 바뀌어 가는 동시에

인쇄매체는 적극적으로 독자층을 확보하고자 했다. 1900년대 전후는 소위 '신문소설의 시대'로 신문은 연재소설을 통해 열성적인 구독자를 확보하였는데 일본의 국민작가 나쓰메 소세키(夏目漱石) 또한 『아사히신문(朝日新聞)』의 전속 작가였다. 『아사히신문』이 1907년에 소세키를 전속 작가로 맞으며 내걸었던 조건은 그의 소설을 『아사히신문』을 통해서만 발표하는 것이었으며 『산시로(三四郞)』(1908), 『그 후(それから)』(1910), 『마음(こゝろ)』(1914) 같은 소세키의 대표작이 『아사히신문』에 연재되었다.

　연재소설을 통해 독자를 확보하고자 하는 이러한 행보는 비단 『아사히신문』에만 해당하는 것이 아니었다. 우리나라에서 이수일과 심순애로 유명한 신소설 『장한몽(長恨夢)』의 원작인 오자키 고요(尾崎紅葉)의 『금색야차(金色夜叉)』가 1897-1902년에 걸쳐 『요미우리신문(読売新聞)』에 연재되는 등 각 신문사는 연재소설을 이용하여 신문의 구독자를 확보하고자 하였다. 당시에 유행했던 다양한 독자층의 흥미를 끌 수 있는 재미있는 신문연재소설은 마치 오늘날의 TV 드라마와 같은 역할을 수행하였다. 뉴스 전후에 대중적으로 인기를 끌 수 있는 드라마를 배치함으로써 드라마의 시청자를 뉴스의 시청자로 유인하는 메커니즘이 일본 근대 초기의 신문과 연재소설의 관계에서도 나타난 것이다. 이렇게 형성된 신문연재소설의 독자층은 이후 인쇄매체의 발달에 따른 출판 산업의 급성장과 함께 등장한 대중오락으로서의 읽을거리의 독자층으로 이어졌으며, 근대일본의 인쇄매체는 황금기를 향해 달려가게 되었다.

1912년부터 시작된 다이쇼(大正) 시대(1912-1926)는 '대중'이 전면에 등장한 시대였다. 메이지 시대에 급격한 서구화의 물결에 떠밀려 근대화를 맞이한 일본은 진정으로 근대화를 이해하고 소화할 수 있는 시간적 여유가 부족했다. 나쓰메 소세키는 1901년 3월 16일 일기에 "일본은 30년 전에 깨어났다고 하는데 그건 비상벨 소리에 놀라 급히 일어난 것이어서 진정으로 깨어난 것이 아니다. 허둥거리면서 단지 서양으로부터 흡수하는 데 급급하여 소화할 겨를이 없었으며, 문학·정치·상업 모든 것이 그러하다. 일본은 정말이지 눈을 뜨지 않으면 안 된다"고 적으며 근대적인 의식이 성숙되지 못한 채 진행된 일본의 근대화에 대해 비판하였다. 이렇듯 서구를 따라가기 급급했던 것이 메이지 시대라면 다이쇼 시대는 다양한 사상이 유입되고 그를 바탕으로 사람들이 행동에 나서기 시작한 시대였다.

다이쇼 시대에는 다양한 사상을 이해하고 실천하여 억압에서 벗어나 이상을 실현하고자 하는 운동의 흐름이 두드러지게 나타났다. 보통선거제도를 주장한 보선운동이나 반전 운동의 영향을 받은 해외파병 정지 운동, 대학의 자치권 획득 운동, 남녀평등을 주장하는 운동 등 각 방면에서 사회운동이 일어났다. 또 1917년 러시아 혁명 이후 전 세계적으로 기세를 높여가던 사회주의 사상 역시 일본에서 큰 세력을 형성하였다. 다이쇼 시대에서 주목할 만한 점은 이렇게 사상을 실천하게 된 민중이 문화의 행위자/소비자인 대중으로 서게 되었다는 사실이다. 1920년대 일본은 사회주의 열풍이 부는 동시에 통속적인 유행을 중심으로 한 대중문화가 형성되었으며 대중은 이 양극단에 있는 두 문화권의 주인공이 되었다. 그리고 근대적인 '읽기'의 정착과 문화의 행위자로 등장한 대중의 존재는 인쇄매체 시장의 변화를 가져왔다.

엔터테인먼트로서의 인쇄매체 등장

1920년대는 대중들이 보고 듣고 즐길 수 있는 다양한 엔터테인먼트들이 유행하기 시작한 시기였다. 박태원의 소설 「소설가 구보씨의 일일」(1934)에는 구보가 일본 유학 시절에 '임'이라는 여학생과 함께 영화를 보러 갔던 신주쿠(新宿)의 대표적인 영화관 '무사시노관(武蔵野館)'이 나온다. 이 무사시노관은 1920년에 세워졌는데 1920년대 중후반부터 유성영화의 시대가 열리며 할리우드 및 서양 영화가 인기를 끌었고 일본에서도 대형 영화사들이 설립되면서 영화가 유행의 중심에 서게 되었다.

또 1920년대 중후반에는 일본 각지에 경기장이 건설되며 각종 리그전을 비롯하여 스포츠 경기를 관전하는 문화가 하나의 오락으로 자리 잡았다. 1925년에는 일본 최초의 라디오 방송이 시작되었는데 방송 시작 2년만인 1927년에는 벌써 라디오로 스포츠의 실황 중계까지 이루어졌다. 이때 중계된 경기는 고시엔(甲子

園) 구장에서 열린 제13회 '전국 중학교 우승 야구대회(全国中等学校優勝野球大会)'였는데 현재는 '전국 고등학교 야구선수권 대회(全国高等学校野球選手権大会)'로 이름이 바뀌어 계속되고 있다. 지금도 일본에서 여름이 되면 돌아오는 청춘의 상징처럼 여겨지는 '고시엔' 야구가 바로 이 대회이다. 엘리트 체육이 아닌 학교 운동부의 서클 활동을 통해 형성된 일본 스포츠 문화의 큰 맥은 근대에서부터 시작되어 현재에 이르고 있다.

영화관이나 경기장 등의 인프라가 구축되면서 영화나 스포츠가 빠르게 대중문화로 정착되는 가운데 라디오나 잡지 같은 매체도 엔터테인먼트로서의 대중문화를 형성하는 데에 큰 역할을 하였다. 1920년대에 유행한 문화 가운데 빼놓을 수 없는 것이 유행가라고 할 수 있다. 이전에는 레코드로 발매되어 고가였던 축음기를 통해서 주로 들을 수 있었던 유행가는 영화의 주제곡으로, 또라디오를 통해 방송되면서 대중이 보다 쉽게 즐길 수 있는 문화가 되었다. 이렇듯 당시 유행했던 문화와 매체는 서로 상호보완적으로 기능하며 대중문화를 형성해 왔는데 이 당시 대중문화를 견인한 대표적인 인쇄매체가 대중잡지였다고 할 수 있다.

앞에서 살펴보았듯이 1900년대에서 1910년대에 이르기까지 신문사는 연재소설을 통해 폭넓은 층의 독자를 확보하려고 하였지만 정보 기능이 강조된 신문이라는 매체가 가지는 특성 때문에 오락적인 기능을 수행하기에는 한계가 있었다. 아직 음독을 중심으로 한 집단적 읽기 형태가 많았던 메이지 초기와는 달리 이 시기에는 노동자들이 도서관을 출입하는 예가 드물지 않았을 정도로 자유롭게 글을 읽을 수 있는 사람이 많아졌다. 그러면서 인쇄매체를 통해서 정보를 습득하는 것만이 아닌 오락이나 유흥거리로 즐기고자 하는 경향이 강해졌다. 그런 가운데 대중의 요구대로 엔터테인먼트로서 즐길 수 있는 인쇄매체들이 등장하게 된 것은 자연스러운 흐름이었는데 이 흐름을 주도한 것은 신문사가 아니라 출판사들이었다. 신초사(新潮社), 개조사(改造社), 고단사(講談社), 문예춘추사 등 현재에도 일본을 대표하는 많은 출판사들이 이르게는 1890년대 말, 늦게는 1920년 초에 설립되었다. 이들 출판사는 새로이 탄생한 '대중'이라는 독자를 공략하기 위하여 크게 두 가지 방향으로 움직였다. 잡지의 창간과 엔본(円本)의 간행이다.

좋은 책을 싸게 읽는다! 이 표어를 내걸고 우리 회사는 출판계의 대혁명을 단행하여, 특권계급의 예술을 전 민중 앞에 해방시켰다. 한 집에 한 권씩! 예술 없는 인생은 실로 황야와 같다. 우리나라 사람들은 세계에서도 특필할 만한 위대한 메이지 문학이 있으면서도, 영국의 셰익스피어처럼 대중화되지 않는 까닭은 무엇일까? 우리 회사가 일본에서 유례가 없는 백만 권 계획을 단행하여, 전국의 가가호호에서 애독하기를 기다리는 것은 그런 연유이다.

이 인용문은 1926년 10월 18일에 『아사히신문』에 실린 개조사의 엔본 광고이다. 한 권에 1엔짜리 전집류의 책을 가리키는 엔본은 1926년 개조사가 간행한 『현대 일본 문학 전집(現代日本文学全集)』을 필두로 출판이 시작되었다. 당시 일본 출판업계는 도쿄 및 수도권에 막대한 피해를 가져온 관동대지진(関東大震災, 1923)으로 큰 타격을 입었다. 특히 개조사는 도산 직전까지 내몰렸는데 이 위기를 타개하기 위하여 사활을 걸고 기획한 것이 『현대 일본 문학 전집』이었다. 인용문에서 강조하고 있듯이 엔본은 "좋은 책을 싸게"를 슬로건으로 염가로 책을 판매하는 대신 대량 생산과 대량 소비로 이득을 얻고자 하였다.

엔본은 기본적으로 동서양의 고전을 비롯하여 이미 출판된 유명 작품들을 전집 형태로 묶어서 출판하는 구조로 당시 일반적으로 출판된 단행본에 비해 페이지 수는 서너 배 이상 많고 가격은 절반 이하였다. 요즘 말로 하면 엄청난 가성비로 검증된 작품을 읽을 수 있는 시스템이었던 셈이다. 불황 속에서 새로운 시장을 개척하고자 한 개조사의 이와 같은 공격적인 시도가 공전의 히트를 기록한 후로 각 출판사는 '엔본 전쟁'이라고 불릴 정도로 경쟁적으로 엔본 출판에 뛰어들었다. 엔본은 1920년대 중후반 이후로 일본 인쇄매체에 나타나는 대중화와 대량화의 경향을 여실히 보여주고 있다.

1920년대에 나타난 인쇄매체의 대중화·대량화 노선은 잡지 미디어를 통해서도 볼 수 있다. 다이쇼 시대를 지나며 다양한 관점으로 세상과 마주 보려고 했던 대중의 요구와 여러 독자층을

만족시킬 수 있는 읽을거리로 잡지가 대두되면서 사회, 정치, 경제, 문화 등의 기사를 망라한 종합잡지와 여성을 대상으로 하는 부인잡지, 소년·소녀잡지 등 다양한 잡지들이 간행되었다. 그중에서 특히 주목할 만한 움직임은 근대 일본에서 가장 성공한 대중잡지라고 일컬어지는 『킹(キング)』의 등장이다.

1925년 1월에 창간된 『킹』은 나가미네 시게토시(永嶺重敏)가 『잡지와 독자의 근대(雑誌と読者の近代)』(1997)에서 지적한 것처럼 "엔본과 함께 1920년대 대중문화의 상징적인 존재"이자 "독자 대중화의 기수"였다. 『킹』은 '한 집에 한 권'이라는 슬로건 아래 도시에서부터 시골에 이르기까지 일본 전역에서 읽히는 잡지를 목표로 만들어졌다. 독자층 역시 부인잡지나 소년·소녀잡지처럼 어느 특정 대상을 독자로 설정하지 않고 계층이나 세대, 성별을 아우르는 넓은 독자층을 대상으로 하였다. 달리 말하자면 일본에 살고 있거나 또는 일본어를 알고 있는 사람이라면 누구나 즐길 수 있는 잡지를 만들고자 했던 것이다. 이러한 『킹』의 전략은 대성공을 거두어 일본 출판계 역사상 최초로 100만부 이상 팔리는 잡지가 되었다.

『킹』은 일본 본토에서뿐만 아니라 식민지에서도 널리 읽혔는데 조선에서도 『킹』을 읽었던 흔적들을 쉽게 찾을 수 있다. 채만식의 「치숙」(1938)에는 화자인 '나'가 잡지 『킹』의 과월호를 사서 읽으며 잡지의 재미에 대해 감탄하는 장면이 나오며, 대구근대역사관에 소장되어 있는 대구공립고등보통학교 재학생 A군의 일기에는 '선산 사는 형이 『킹』을 들고 와서 보며 놀았다'(1936.12.29)는 기록이 남겨져 있다. 채만식의 경우에는 일본에서 유학한 경험이 있는 지식인이기에 일본 잡지를 쉽게 접할 수 있는 입장이었다고 해도 A군의 경우를 통해 지방에서 학교를 다니는 보통의 학생 역시 일상에서 『킹』을 '보며 놀았'던 것을 알 수 있다. 이를 보면 『킹』은 식민지를 포함한 당시 '제국 일본'의 대중 일반이 즐길 수 있는 엔터테인먼트의 역할을 맡고 있었다고 할 수 있다.

1920년대에 일어난 인쇄매체 대중화의 두 주인공이라 할 수 있는 엔본과 대중잡지는 1930년대에 들어서며 운명을 달리하게 된다. 불황을 이기고자 대중화·대량화 전략을 내세우며 엔본이라는 새로운 시장을 개척했던 출판계는 출판사끼리의 출혈 경쟁 속에 결국 엔본 사업에서 철수하는 출판사가 생겼으며 엔본 시장 자체가 크게 축소되었다. 반면에 잡지 미디어는 대중오락잡지의 대표격인 『킹』의 성공과 1920년대에 급격한 성장세를 기록한 부인잡지가 충성스러운 독자층을 확보하면서 시장이 확장되었다. 또 그 뒤를 좇아 다양한 장르의 군소 잡지가 창간되면서 1930년대에 이른바 대중잡지의 시대가 열렸다. 1930년대의 대중잡지는 엔터테인먼트로서의 인쇄매체를 대표하는 존재이자 대중문화의 한 축으로서 자리 매김하였다.

1930년대 모던 문화의 특성

1930년을 전후하여 잡지 붐이 일면서 많은 잡지가 창간되고 또 동시에 사라져 갔다. 하마자키 히로시(浜崎廣)의 『잡지가 죽는 법(雜誌の死に方)』(1998)에 따르면 1926년 쇼와(昭和) 시대(1926-1989)가 시작된 후 1941년 진주만 공습이 있기까지 창간된 잡지 가운데 1년 안에 폐간된 비율은 31%에 달하며 절반에 달하는 47.5%의 잡지가 2년 안에 폐간되었다. 이렇게 수많은 잡지가 등장했다가 사라지는 틈바구니에서 '모던'이라는 단어를 잡지 이름으로 내세우고, 당시 최고의 유행이었던 모던 문화를 중심 주제로 다루는 한 무리의 잡지가 등장했다. 필자는 그러한 잡지의 등장을 모던 문화가 집단적으로 표출된 하나의 유형으로 인식하여 일련의 잡지를 '모던'계 잡지로 명명하고 주목해 왔다. '모던'계 잡지의 창간은 1920년대 후반부터 1930년대 중후반까지 나타나는데 본격적으로 '모던'계 잡지에 대해 살펴보기 전에 우선 '모던'계 잡지가 탄생했을 무렵의 사회문화적 배경부터 이야기해 두고자 한다.

문학자이자 대형출판사인 문예춘추사의 사장이었던 기쿠치 간은 1930년 11월호 『모던 일본』에 실린 「모던 라이프 좌담회(モダンライフ座談会)」에서 다음과 같이 말했다.

우리가 젊었던 시절에 모던이라는 것은 사상적이었지요. 그런데 지금은 생활양식에 대해서 모던이라고 부르니

데카당 같은 의미는 사라졌다고 생각합니다.

여기서 엿보이는 것은 '우리가 젊었던 시절', 즉 다이쇼 시대의 모던과 1930년 현재, 쇼와 시대의 모던은 다르다는 인식이다. 앞에서 언급하였듯 1930년 전후는 일본에서 도시문화를 바탕에 둔 모던 문화가 정점에 달했던 시기였다. 일본의 모던 문화는 서구에서 들어온 문화나 유행을 중심으로 형성되었는데 이는 시기에 따라 변화된 양상을 보인다. 일본에 처음으로 모던 문화와 관련된 움직임이 보인 것은 1920년대이다. 19세기 말부터 유럽을 중심으로 전 세계에서 동시다발적으로 발생한 모더니즘 예술운동이 일본으로 들어오면서 그에 영향을 받은 문화가 나타나게 된 것이다.

19세기 후반 무렵 프랑스에서 시작되어 20세기 전반(前半)에 걸쳐 유럽의 여러 나라로 확산된 모더니즘 운동은 건축, 예술, 문학 등 여러 방면에서 다양한 형태로 나타났다. 이 시기에 전개된 모더니즘 운동의 가장 큰 특징은 전통과 이전의 질서를 해체하고 새로운 예술을 추구한다는 점이었다. 스페인의 모데르니스모, 유럽 전역에서 일어난 다다이즘, 이탈리아가 주도한 미래파, 프랑스의 쉬르레알리슴 등 모더니즘 운동은 발생한 국가나 예술 분야에 따라서 발생 시기나 양상, 규모는 물론이고 추구하는 방향도 달랐다. 당시의 모더니즘은 개성과 독창성을 기반으로 한 예술 변혁 운동이었다고 할 수 있다.

1930년대 일본, 잡지의 시대와 대중

1920년대 초반 일본의 모던 문화가 위와 같은 유럽 모더니즘 예술운동의 영향을 받아 데카당과 전위적인 성격이 사상적인 면에서 나타났다면 1920년대 후반부터 시작되는 쇼와 시대의 모던 문화는 서양에서 들어온 새로운 것이라는 측면이 강조되며 도시 문화·소비문화와 더불어 보다 대중적인 경향이 강해졌다고 할 수 있다. 거기에 미국 문화의 영향이나 미디어의 확대, 모던걸이나 여성의 사회 진출 문제 등이 더해져 모던 문화는 다양한 사회적 요소가 복잡하게 얽혀 나타난 종합적인 문화양식으로 변화했다. 이처럼 다이쇼 시대의 모던 문화와 구별되는 1930년 전후의 도시

그림1 | 당시의 '에로·그로·난센스' 풍조가
반영된 카페와 바의 포스터[1]

를 중심으로 한 대중문화를 '쇼와 모더니즘'이라 부르거나 또는 '에로·그로·난센스'라는 말로 표현하기도 한다. '에로·그로·난센스'는 쇼와 시대 모던 문화의 특성을 나타낸 말로 퇴폐적(에로틱)이고 엽기적(그로테스크)이며 영문을 알 수 없는 이상함(난센스)이 당시의 모던 문화를 지배하고 있었다. '모던'계 잡지는 이 '에로·그로·난센스'를 기반으로 하는 '쇼와 모더니즘'의 영향 아래에 태어난 잡지였다.

'모던'계 잡지의 등장과 성격

'모던'계 잡지는 1920년대 후반 '쇼와 모더니즘'이 고조되기 시작할 무렵에 등장하였다. 그 첫 시작은 잡지 『모던(モダン)』으로 원래 『속삭임(私語)』이라는 잡지가 1927년 11월에 제목을 바꾸어 간행한 것이었다. 그 뒤의 '모던'계 잡지는 모두 새로이 만들어진 잡지였으며 1929년부터 1937년에 이르기까지 15년 동안 창간이 이어졌다. '모던'계 잡지의 창간이 있었던 마지막 해인 1937년은 중일전쟁이 시작된 해로 일본의 전시 체제가 강화되고 신문이나 잡지가 프로파간다로 변하기 시작할 무렵이었다. 즉 모던에서 파시즘으로 일본 사회가 이행함과 동시에 '모던'계 잡지도 자취를 감추게 되었다고 할 수 있다.

표 1 | 1920년대 후반~30년대에 간행된 '모던'계 잡지 일람[2]

잡지이름	창간	내용
모던 (モダン)	1927.11	
모던 우먼 (モダンウーマン)	1929.12	
모던 일본 (モダン日本)	1930.10	모던한 세태를 반영한 읽을거리, 수필, 소설 등을 실은 잡지
모던 가나자와 (モダン金沢)	1931.1	
모던풍 (モダン風)	1931.6	
모던 하카타 독본 (モダン博多読本)	1932.?	
모던 만주 (モダン満州)	1932.?	
모던 도쿄 (モダン東京)	1932 또는 1934.4	
모던 댄스 (モダン・ダンス)	1933.2	
모던 라이프 (モダンライフ)	1933.3	
모던 가이드 (モダンガイド)	1933.5	정치·사회·영화·여행·레뷰 등을 안내하는 기사를 수록
모던 스포츠 (モダンスポーツ)	1934.1	읽을거리로서의 스포츠 기사를 수록한 잡지
모던 매거진 (モダン・マガジン)	1934.6	
모던 로망스 (モダン・ロマンス)	1935.1	유행의 첨단을 다룬 기사나 읽을거리를 담은 잡지
모던 라이프 (モダンライフ)	1935.2	가벼운 읽을거리와 화보를 담은 일반적인 오락잡지

잡지이름	창간	내용
모던 대중 (モダン大衆)	1935.7 또는 8	가벼운 읽을거리, 소설 등을 수록한 오락잡지
모던 요코하마 (モダン横浜)	1936.1	소설, 여행, 시네마 등 가벼운 읽을거리를 수록한 잡지
모던 라이프 (モダン・ライフ)	1937.12	유행의 첨단을 다룬 뉴스와 읽을거리가 있는 잡지

[표 1]은 잡지 이름에 '모던'이 붙고, 모던 문화를 중심 주제로 다루는 '모던'계 잡지를 정리한 일람이다. 이 표는 일본의 공공도서관 및 개인이 소장하고 있는 잡지와 출판연감이나 다른 자료에 간행 기록이 남아있는 잡지를 정리한 것으로 현재 18종의 '모던'계 잡지가 간행되었던 것으로 확인된다. '모던'계 잡지의 이름은 대부분 '모던 ○○'라는 형태를 취하고 있는데 이름 뒷부분에 잡

그림 2 『모던 도쿄』(좌, 1936.6) 『모던 만주』(우, 1939.7) 표지

지가 추구하는 경향이나 장르를 나타내었다. 특징적인 것은『모던 일본』을 비롯해 가나자와(金沢), 하카타(博多), 만주, 요코하마(横浜) 등 지역명이 붙은 경우가 많다는 것이다. 이는 특정 지역을 중심으로 '모던'계 잡지가 간행된 경우가 많았다는 것을 의미한다.

[표 1]에 적힌 '내용'란은 당시 도쿄도(東京堂)에서 간행된『출판연감(出版年鑑)』의 '내용' 항목에 기재되어 있는 내용을 쓴 것이다. 지면이 한정되어 있어 당시 간행된 잡지 전부에 대해서 '내용' 항목을 기재하기는 어려웠기에『출판연감』에는 일부 잡지에 한해서만 '내용' 항목이 적혀 있는데 '모던'계 잡지 역시 일부 잡지만 '내용' 항목이 기재되어 있다. 이 '내용'을 통해 '모던'계 잡지에 대한 당시의 일반적인 인식을 살펴볼 수 있는데 잡지 설명에 '유행의 첨단'이나 '가벼운 읽을거리'라는 표현이 반복적으로 등장한다. 즉 '모던'계 잡지는 당시 출판계에서 최첨단의 유행을 민감하게 포착한 가벼운 오락잡지로 평가받고 있었다고 할 수 있다.

연구나 매체를 통해 종종 언급이 되는『모던 일본』을 제외한 나머지 '모던'계 잡지는 이제까지 사람들의 관심 밖에 있었다. '모던'계 잡지 자체가 오락잡지로 소비된 잡지이기에 읽고 버려지는 경우가 많아 후대에 우리가 확인할 수 있는 자료가 거의 남아있지 않기 때문이었다. [표 1]에 명시된 잡지 가운데 단 한 권이라도 필자가 실물을 확인할 수 있었던 잡지는 10종으로 개인 소장이 2종(『모던 가나자와』『모던 만주』), 공공도서관 소장이 8종(『모던』『모던 일본』『모던풍』『모던 도쿄』『모던 댄스』『모던 라이프』(1933년 창간)『모던 매거진』『모던 요코하마』)이다. 즉 '모던'계 잡지 중 일반에 공개된 잡지는 간행이 확인된 잡지 수의 반에 미치지 못하며 절반 가까운 8종의 잡지는 실물이 확인되지 않고 기록을 통해서 간행 사실을 확인할 수 있을 뿐이다.

도쿄도의『출판연감 1930년판(出版年鑑 昭和五年版)』을 보면 당시 도쿄에만 출판사가 1,050개 있었고 오사카(大阪)에 약 50개, 교토(京都)에 약 20개의 출판사가 존재했을 정도로 많은 출판사가 있었다는 사실을 알 수 있다. 1930년대에 잡지 창간 붐이 가능했던 것은 이처럼 많은 중소 출판사를 통해 소량 출판이 가능해졌기 때문이었다고 할 수 있다. 고바야시 마사키(小林昌樹)가 편집한 『잡지 신문 발행 부수 사전—쇼와 전전기(雜誌新聞発行部数事典—昭和戦前期)』(2011)를 보면 '모던'계 잡지는『모던 대중』(1935.12) 1,500부,『모던 요코하마』(1936.1) 3,100부,『모던 라이프』(1936.9) 10,000부,『모던 로망스』(1937.10) 2,500부 등 대부분 소규모로 간행된 경우가 많았다는 것을 알 수 있다. 몇 백, 몇 천 부 단위로 출판되어 널리 유통되지 못했으며 잡지가 한때의 오락거리로 소비되고 버려지는 환경 속에서 시대의 유행을 표방한 '모던'계 잡지는 후대를 위해 공공기관에 보존할 만한 가치를 인정받지 못한 것이다.

그럼에도 불구하고 '모던'계 잡지 가운데 50,000부가 넘는 부수로 발행되었고 현재도 일본국립국회도서관을 비롯하여 대학도서관 및 공공도서관에 다수 소장되어 있어 자료의 대부분을 확인할 수 있는 잡지가 있다. 바로『모던 일본』이다.

제2장

잡지『모던 일본』이 구축한 모던과
행동하는 독자[1]

마해송이 『모던 일본』을 바꾸어 놓다

'쇼와 모더니즘'을 표방하며 창간된 '모던'계 잡지가 세상에서 자취를 감추고 사람들에게도 잊혀진 현재, 아직도 유일하게 이름이 거론되는 잡지가 『모던 일본』이다. 『모던 일본』이 지금 사람들의 주목을 받는 이유로는 도서관 등을 통해 자료에 쉽게 접근할 수 있다는 점 외에도 마해송이라는 조선인이 편집장을 맡았다는 사실을 들 수 있다. 또 마해송의 스승이었던 일본 문화계의 거물 기쿠치 간과의 관계, 임시 증간호로 『모던 일본 조선판(モダン日本 朝鮮版)』을 간행하여 당시 일본 본토에 불었던 '조선 붐'을 일으키는 데에 일조했다는 점 등도 주목을 받고 있다.

현재는 조선인이 편집장이었다는 이유로 『모던 일본』에 주목하는 사람이 많지만, 간행 당시에는 조선과의 관계가 아닌 대중잡지 그 자체로서 『모던 일본』은 일본 문화계에서 큰 영향력을 가지고 있었다. 『모던 일본』은 마해송이 회고하듯이 "5대 잡지 중의 하나라는 말도 들었고 3대 잡지에 든다는 말도 들었"[2]을 정도로 당시 대중잡지 가운데 인기 있는 잡지였으며, 잡지가 나타나서는 반짝하고 사라지던 쇼와 시대에 약 13년간 계속 간행될 정도로 독자의 지지를 받은 잡지였다. 과연『모던 일본』의 어떠한 점이 다른 '모던'계 잡지와는 달리 오랫동안 대중의 사랑을 받게 한 것일까.

『모던 일본』은 1930년 10월에 기쿠치 간이 사장이었던 문예춘추사에서 간행한 잡지로 이미 종합잡지인『문예춘추(文藝春秋)』나 세상의 모든 읽을거리라는 뜻의 대중소설 전문잡지인『올 요미모노(オール讀物)』와 같은 인기잡지를 간행하고 있던 문예춘추사가 최고의 유행이었던 모던 문화에 맞추어 야심 차게 펴낸 잡지였다. 그러나 모던 문화의 유행 속에서도 잡지는 판매가 부진하여 결국 다음 해인 1931년 12월호를 마지막으로 폐간을 앞두고 있었다. 당시 기쿠치 간과의 인연으로 문예춘추사 편집부에서 일하고 있던 마해송은 그 사실을 알고 폐간을 반대하며 자기가 직접『모던 일본』을 복간시켜 간행하고자 하였다.

이 무렵의 일화를 마해송은 자서전『아름다운 새벽』(1962)에서 자세히 그리고 있는데 이미 폐간이 결정 난 잡지를 살리기 위해 마해송은 사장이자 자신을 거두어 준 스승이었던 기쿠치 간의 결정을 따르지 않고 1932년 2월에 맞추어 복간호를 준비하였다. 마해송은 당시 출판사에도 출근하지 않고 집에서 혼자 편집 작업을 하면서 문예춘추사와 별개로 따로 독립해서라도『모던 일본』을 간행하겠노라 기쿠치 간에게 말하였다. 이는 자신이 고집을 부리면 결국은 기쿠치 간이 들어줄 것이라는 생각에서 감행한 일로, 기쿠치 간이 자신에게 가지고 있는 애정을 믿기 때문에 가능한 일이었다. 그 생각대로 기쿠치 간은 결국 『모던 일본』의 복간을 승낙하였고 마해송이 편집장이 된 후 『모던 일본』은 대성공을 거두었다.

마해송이 편집을 맡으면서 『모던 일본』은 문예춘추사에서 독립하여 새로 만든 출판사 모던일본사에서 간행하게 되었다. 그렇지만 모던일본사는 문예춘추사의 자회사 성격을 가진 출판사로 『모던 일본』은 문예춘추사 및 기쿠치 간과도 여전히 밀접한 관계를 유지하면서 간행되었다. 복간 2년 후 모던일본사를 주식회사로 만들었을 때 마해송은 기쿠치 간에게 30,000엔에 달하는 주식을 증정하였으며 잡지 『모던 일본』에도 기쿠치 간의 글이 자주 등장하고 그의 영향이 짙게 보이는 것으로 보아 문예춘추사로부터 독립한 체제로 바뀌고 나서도 계속 교류가 있었다는 것을 알수 있다.

마해송이 『모던 일본』을 변화시키지 않았더라면 대중의 지지를 받지 못하고 창간된 지 1년 2개월 만에 폐간이 결정된 『모던 일본』 역시 다른 '모던'계 잡지와 마찬가지로 사람들의 기억에서 금세 사라진 잡지가 되었을 것이다. 마해송이 바꾼 『모던 일본』이 어떻게 대중을 매료시켰는지 알아보기 위해 먼저 『모던 일본』과 다른 '모던'계 잡지의 내용을 비교해서 살펴본 후 『모던 일본』을 성공한 대중잡지로 만든 마해송의 전략이 무엇이었는지를 살펴보기로 하자.

'모던'계 잡지의 내용과 그 특성

실물을 확인할 수 있는 '모던'계 잡지 10종을 잡지의 성격에 따라 분류해 보면 제목에 지역명이 붙어 있는 등 지역을 중심으로 간행되었음을 짐작하게 하는 잡지가 5종이고(『모던 가나자와』 『모던 도쿄』『모던 만주』『모던 매거진』[3]『모던 요코하마』), 사교댄스라는 전문적인 장르를 다룬 잡지가 1종(『모던 댄스』)이다. 또『모던』의 경우는 잡지 이름만 『속삭임』에서 『모던』으로 바뀌었을 뿐 『속삭임』의 내용이나 체제를 그대로 계승하였기 때문에 '모던'계 잡지로서의 특성이 드러난다고는 할 수 없다. 따라서 지역성이 강한 잡지와 전문적인 장르를 다룬 잡지를 제외하면 일반적으로 모던 문화를 다룬 잡지로는 『모던 일본』『모던풍』『모던 라이프』가 남는다. 여기서는 이 3종의 잡지에 나타난 특성을 비교해 보도록 하겠다.

'모던'계 잡지는 크게 '에로·그로·난센스'나 근대도시, 그중에서도 특히 도쿄 번화가의 도시문화에 초점이 맞추어져 있었다고 할 수 있다. 또 공통적으로 나타나는 특징으로 화보에 힘을 기울였다는 점을 들 수 있다. 화보의 내용은 각 잡지가 가지고 있는 모던의 이미지에 따라 다르게 나타난다. 류탄지 유(龍胆寺雄)나 아사하라 로쿠로(浅原六朗) 등 모던 문화를 작품의 주된 소재로 삼았던 작가들이 만든 『모던 라이프』(1933년 창간)에는 모던한 풍경—도쿄의 거리 모습이나 모던걸·모던보이의 모습—을 찍은 사진이나 예술적인 모더니즘의 분위기를 느낄 수 있는 사진이 화보로 실려 있다.([그림 3]) 그에 반해 『모던풍』과 『모던 도쿄』에 실린 사진은 외국의 풍경이나 서양 영화의 사진, 또 노래와 춤을 곁들인 연극인 레뷰(revue)의 사진이 주를 이룬다.([그림 4])

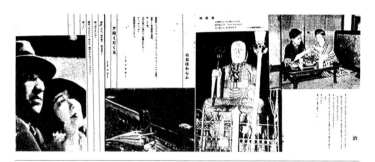

그림 3 | 『모던 라이프』 화보(1933.3)

그림 4 | 『모던풍』 목차(1931.6)

또 『모던 라이프』는 당시 사회의 어두운 부분에 포커스를 맞추어 범죄에 관한 이야기나 '도시의 미스터리' 같은 전체적으로 암울하고 어두운 내용이 많았다. 이는 당시에 유행하던 '에로·그로·난센스' 가운데 '그로테스크'의 영역에 해당하는 것으로 범죄의 엽기적인 면이 강조되면서 흉악사건이나 미스터리가 사람들의 흥미를 끌었던 세태가 반영된 것이라 여겨진다. 이러한 측면은 여성들이 주로 즐겼던 명랑하고 밝은 모던과는 동떨어져 있어 여성 독자들보다는 남성 독자들에게 맞추어진 내용이라고 할 수 있다.

『모던풍』에는 '에로·그로·난센스'라는 모던 문화의 요소 가운데 '에로'에 특화된 기사들이 많이 실려 있는 것이 눈에 띈다. 근세부터 근대에 이르기까지 성 산업의 메카였던 아사쿠사(浅草)에 나타난 '에로'의 양상에 대해 취재한 「에로 아사쿠사의 자투리(エロ浅草のキレッパシ)」이나 여성의 특정 신체 부위에 대해 논한 글을 모은 「여자를 엿보다(女をのぞく)」 같은 기획에는 남성의 시선을 통해 보이는 '에로'가 짙게 드러나 있다.

이처럼 '모던'계 잡지는 각 잡지가 설정한 독자층의 성별이나 특성에 따라 잡지의 내용과 구성이 맞추어져 있었다고 할 수 있다. 이러한 '모던'계 잡지의 경향과 비교해 보았을 때 『모던 일본』이 달랐던 점은 정치나 사회에 관한 기사가 많이 보이는 가운데에도 요리법의 소개나 의복에 관한 기사도 배치되어 있는 등 성별이나 취미가 다양한 독자의 요구와 경향을 고려하여 기사의 밸런스를 맞추려고 했다는 점이다. 『모던 일본』은 마해송이 편집장

1930년대 일본, 잡지의 시대와 대중

을 맡기 전과 후에 내용적인 면과 형식적인 면에서 큰 변화를 보이는데 먼저 내용적인 부분에서 어떠한 변화가 있었는지, 또 다른 '모던'계 잡지와는 내용적인 구성이 어떻게 다른지에 대해 비교해 보도록 하겠다.

복간을 기점으로 달라진 『모던 일본』

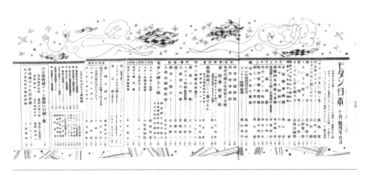

그림 5 | 『모던 일본』 창간호 목차

우선 『모던 일본』의 창간호 목차([그림 5])를 보면 잡지 첫머리에 화보가 8페이지 정도 이어진 다음 전체적으로 「에로와 그로(エロとグロと)」나 「모던·모던·모던(モダン·モダン·モダン)」, 「정치·사회·경제(政治·社会·経済)」, 「과학·건강(科学·健康)」, 「유행·기타(流行·その他)」라는 다섯 가지 큰 테마로 구성되어 있다. 읽을거리의 장르도 소설이나 에세이는 물론이고 취재 기사나 정보 기사에 이르

기까지 다양한 장르의 글이 실렸다. 창간된 당시 『모던 일본』은 독자들에게 '모던'이라는 개념을 다양한 분야를 통해 전달하고자 하는 경향이 강하게 보였다. 이처럼 모던을 단순히 한때의 유행으로서만 다루는 것이 아니라 전문적인 각 분야와 모던을 결부시키고자 노력하였다는 점이 다른 잡지와 비교했을 때 가장 두드러지게 나타나는 『모던 일본』 창간호의 특징이라고 할 수 있다.

이와 같은 특성을 잘 보여주는 예를 하나 들어보면 과학 분야의 기사 중에 「긴자의 과학 강좌(銀座の科学講座)」라는 기사가 있다.([그림 6]) 기사에서는 긴자(銀座)가 다른 번화가에 비해 공기가 오염되어 있다는 이야기나 긴자의 밤을 밝히는 네온사인의 원리에 대해 그림 등을 이용하여 과학적으로 접근하고 있다. 또 스포츠 분야를 다룬 기사로는 대학야구리그를 소재로 한 기사가 크게 실렸다. 당시 스포츠 경기, 그중에서도 구기 스포츠 리그가 대중적인 인기를 얻고 있었으며 경기장이 새로운 모던 문화의 공간으로 각광을 받았던 만큼 이

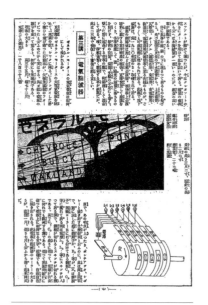

그림 6 | 『모던 일본』
「긴자 과학 강좌」(1930.10)

기사에서는 9페이지를 할애하여 도쿄에 있는 대학들의 야구부에 관하여 자세히 소개하였다. 이러한 스포츠 관련 기사들은 스포츠를 보고자 하는 사람들에게 스포츠를 즐기기 위한 정보를 상세하게 제공해 주는 역할을 맡았다.

하지만 마해송이 편집을 맡은 복간 후의『모던 일본』에는 위와 같은 창간호의 특징이 보이지 않는다. 복간된『모던 일본』은 창간호에서 큰 기둥을 이루었던 다섯 가지의 테마를 없애고 전문 분야의 기사를 줄이는 동시에 에세이와 소설의 비율을 높였다. 구체적으로 예를 들면 의료와 관계된 기사는 이전처럼 병에 관한 지식보다는 성병이나 피임 등 생활과 밀접하게 관련이 있는 기사로 바뀌었으며, 사회면의 기사 역시 공산주의자들의 뒷얘기나 범죄를 취재한 기사 등 가십성 기사가 많아졌다. 또 모던이란 과연 어떤 것인가를 논하던 좌담회는 「모던 연애 도덕(モダン恋愛道徳)」(1933.1) 같은 흥미 위주의 좌담회로 바뀌었고 영화나 연극 등에 관한 기사가 늘어난 것도 큰 변화 중 하나였다.

요컨대 복간 후에는 창간호에 나타난 것처럼 진지하게 '모던'에 다가서고자 하는 자세는 옅어지고 대중의 흥미를 쉽게 불러일으킬 수 있는 유행으로서의 모던 문화 쪽으로 기울어지는 자세를 보이는 것이다. 그리고 복간 후의『모던 일본』에 나타난 또 다른 특징은 생활 밀착형 기사와 정보가 많다는 점이다.『모던 일본』은 복간된 1932년 2월호부터 잡지의 가장 마지막 부분에 그달에 열리는 스포츠 대회나 이벤트의 일정을 소개하는 「이번 시즌(A LA

SAISON)」이라는 코너를 새로 만들었으며 장거리 열차의 시각표를 싣는 등 독자에게 살아있는 생활 정보를 제공하는 일에도 힘을 쏟았다.

『모던 일본』의 창간호는 모던의 다양한 측면을 다루면서 각 분야의 전문지식에 모던적인 요소를 결합시킴으로써 모던에 관심이 있는 독자라면 기사를 읽고 지적 욕구를 충족시킬 수 있을 만한 구성을 취하고 있었다. 반면 복간 후에는 완전히 흥미 위주의 대중적인 노선으로 바뀌었다고 할 수 있다. 창간호의 구성은 후대 사람들에게 좋은 평가를 받아 현재 발표되는 『모던 일본』에 관한 글을 보면 대부분 창간호의 내용은 흥미롭지만 나중에는 그저 그런 오락잡지로 전락했다고 평가하는 것이 많다.

하지만 조금만 생각을 달리 해보면 당시 지식인이 아닌 일반 독자는 현재의 독자에 비해 기초적인 지식이 현저히 낮았을 터인데 그러한 전문적인 내용을 완전히 이해할 수 있었는지 하는 점에 대해서는 의문이 남는다. 적자로 인한 경영 파탄으로 폐간될 위기에 처해 있던 『모던 일본』이 편집장 마해송이 취임하고 난 뒤 쉽고 대중적인 구성으로 바뀐 후 1942년까지 계속 인기를 구가하며 간행될 수 있었다는 사실은 흥미 위주의 읽을거리와 정보를 제공하는 측면이 중시된 변화된 구성이 당시의 대중에게 지지받았음을 보여준다.

다른 '모던'계 잡지의 특성과 『모던 일본』을 비교해 보면 『모던 라이프』는 작가들이 중심이 되어 만든 잡지답게 문학적이고 예술적인 모던의 요소도 많이 나타나 있었다. 그와 같은 특성은 일반 대중의 지식으로는 이해하기 어려운 점이 있었다는 측면에서 대중에게 외면받은 창간 당시의『모던 일본』과 통하는 부분이 있다. 창간 당시에 다양한 분야의 모던을 추구하고자 했던『모던 일본』이 복간 후에는 전문성을 배제하고 누가 읽어도 재미있는 내용으로 바뀌기는 했지만 그렇다고 해서『모던풍』처럼 모던 문화의 유행만을 좇지는 않았다.『모던 일본』에는 소설이나 영화 등 문화뿐만 아니라 정치, 사회, 의료에 이르는 다양한 분야의 읽을 거리가 있었으며 기자들이 직접 취재한 기사도 많았다. 독자들은『모던 일본』을 통해 오락적인 재미를 추구하면서도 어느 정도 지적 호기심을 채울 수 있었다고 여겨진다.

『모던 라이프』와『모던풍』에는 각각 예술적인 엘리트 문화로서의 모던과 경박한 유행으로서의 모던이라는 두 양상의 모던이 나뉘어 나타나고 있으며『모던 일본』에는 그 두 양상이 혼재되어 나타난다고 할 수 있다. 그러나 여기서 나타나는 모던의 두 양상은 어떤 것이 훌륭하고 어떤 것은 저속하다는 질적인 차이가 있다고 하기보다는 그리 멀리 떨어져 있지 않은 곳에 두 가지 속성이 함께 존재하는 양면성이 있다고 해야 할 것이다. 하지만 이처럼 내용적인 면에서 두 가지 양상의 모던이 모두 존재했던 것만이『모던 일본』이 대중을 사로잡을 수 있었던 비결은 아니었다.『모던 일본』은 잡지의 내용 외에도 다양한 전략으로 대중을 공략하였다.

대중을 사로잡기 위한 『모던 일본』의 전략
―첫 번째, '이동하는 젊은이'를 타깃으로

마해송이 편집장을 맡은 『모던 일본』의 체제를 복간 전과 비교했을 때 가장 큰 변화를 보인 것은 잡지라는 존재에 대한 접근방식이었다. 복간 전에는 잡지의 내용적인 측면에 중점을 두고 잡지를 만들었다고 한다면 복간 후에는 유통·판매나 독자와의 관계 등 외적인 측면에 훨씬 더 전략적으로 접근하여 『모던 일본』이라는 잡지를 만들고자 하였다. 『모던 일본』은 우선 독자층을 '이동하는 젊은이'로 설정하고 그에 맞추어 판매 전략과 내용을 구상하였다. 앞서 마해송이 『모던 일본』을 꼭 살려내고자 고군분투했던 일화를 소개하였는데 그때 마해송이 스승의 말에 반기를 들고 고집을 부려서라도 『모던 일본』을 복간시키고자 한 것은 『모던 일본』을 젊은이들의 잡지라고 생각했기 때문이었다.

나는 그런 젊은이의 잡지 한 권쯤은 조금 적자를 보더라도 끌어나갔으면 싶었다. (생략) 잡지를 넷이나 발행하는 대잡지사에서 젊은이를 위한 것도 하나 좀 있어야 좋지 않겠느냐? 편집하기에 따라서 또 계획을 새로이 하면 수지가 맞게 될 수도 있지 않겠느냐고 고집을 부렸다.[4]

마해송은 자신이 생각한 『모던 일본』의 이미지에 맞춰 독자층을 '젊은이'로 설정하였는데 거기에 하나 더해진 것이 '이동'이라는 개념이었다. 당시는 철도와 전철의 발달로 이동이 빨라지고 자유로워지기 시작한 시기였으며 그에 따라 일을 목적으로 한 이동만이 아니라 여행이나 관광을 목적으로 한 지역 간의 이동도 빈번하게 이루어지던 시기였다. '이동'은 활동적이며 적극적인 이미지로 이어졌고 거기에 '젊은이'라는 연령대가 더해지며 『모던 일본』은 활동적인 젊은이가 읽는 잡지라는 이미지를 만들어 내고자 한 것이다. 1932년 4월호의 「편집일기(編集日記)」에 등장하는 "모던 일본을 옆구리에 끼고 시원스레 걷는 젊은이들의 밝은 얼굴"이라는 구절은 마해송이 그렸던 독자 이미지를 구체적으로 나타내고 있다.

마해송은 '이동하는 젊은이'로 독자층을 설정함과 동시에 역을 잡지 판매의 주된 거점으로 삼고자 했다. 『모던 일본』의 마지막 페이지에 실려 있는 열차 시각표 역시 마해송이 역이라는 장소에 주안점을 두고 판매 전략을 세웠다는 사실을 짐작하게 한다. 다만 열차 시각표는 모던일본사의 모회사에 해당하는 문예춘추사가 당시 간행하던 『문예춘추』나 『올 요미모노』에도 실려 있어 열차 시각표가 실려 있다는 점만으로 마해송의 전략을 단정해서 설명할 수는 없다.

하지만 마해송이 역이라는 판매 장소를 의식하고 있었다는 사실은 열차 시각표뿐 아니라 「편집일기」를 통해서도 엿보인다. "시나가와역(品川駅)과 우에노역(上野駅)에서 각 천 부 가까이가 다

팔리는 일은 개벽 이래 처음 있는 일이라고 한다"(1932.3), "한큐
(阪急) 철도 노선에서는 3일 만에 매진되었고 오사카역에서는 '지
금까지 남아있겠냐'며 야단이다"(1932.4) 등 「편집일기」에서 각 역
의 이름을 명시하면서 잡지의 판매 상황을 알리고 있는 것을 보
면 마해송이 잡지의 유통 및 판매 시장으로 역을 주목하고 있었
다는 사실은 명백해 보인다. 또 [그림 7]에 보이는 것처럼 열차 시
각표 옆에 "기차에 타면 무엇보다도 먼저 모던 일본을 구매해 주
세요"라고 적혀 있는 문구 역시 『모던 일본』이 열차 또는 역이라
는 판매 시장에 주목하고 있었음을 나타내고 있다.

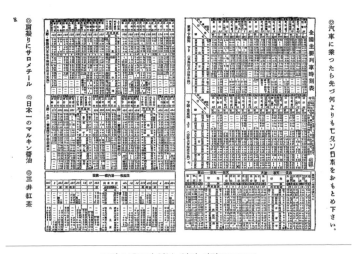

그림 7 | 『모던 일본』 열차 시각표(1932.8)

이처럼 '이동하는 젊은이'에 주목한 『모던 일본』의 판매 전략

1930년대 일본, 잡지의 시대와 대중

은 그 뒤로도 계속 이어졌으며 『모던 일본』의 독자들을 대상으로 하여 회원제로 운영된 「모던 일본 클럽(モダン日本クラブ)」에서는 '전철 회사 및 증기선 회사의 할인 우대권'을 배부하는 등의 방법 으로도 나타나게 된다.

대중을 사로잡기 위한 『모던 일본』의 전략
—두 번째, 잡지의 브랜드화

『모던 일본』이 취한 두 번째 전략은 잡지를 하나의 브랜 드로 만들어 내는 것이었다. 잡지의 브랜드화 전략은 두 가지 방향 으로 이루어졌는데, 첫 번째가 『모던 일본』만의 정형화된 시각 이 미지를 만들어 내는 것이었고 두 번째는 상업화 전략이었다.

『모던 일본』은 잡지 표지와 지면을 통해 특정한 시각 이미지 를 형성하고 이를 『모던 일본』만이 가지는 특색으로 만들어 냈다. [그림 8]은 마해송이 편집장으로 취임하기 전의 『모던 일본』의 표 지이고 [그림 9]는 마해송이 편집장으로 취임한 후의 표지이다. [그림 8]을 보면 『모던 일본』의 표지는 창간 당시에는 모던적인 요소들을 기하학적으로 배치하던 방식에서 여성의 상반신을 그 리는 방식으로 변화한 것을 알 수 있다. 여기서 보이는 여성의 상 반신 이미지는 마해송이 편집장으로 취임한 1932년부터 1940년 무렵까지 계속 유지되면서 하나의 고정된 이미지를 형성하였다.

그림 8 | 『모던 일본』 표지(1930.10~1931.10)

그림 9 | 『모던 일본』 표지(1932.3~1942.4)

다만 일본이 본격적인 전시 체제로 들어가고 잡지 미디어 역시 전시 상황을 선전하기 시작한 1941년 이후에는 『모던 일본』의 표지에도 변화가 보인다. 여성의 얼굴이나 상반신까지를 그린 정적인 이미지가 1941년 3월호와 4월호에서는 스케이트를 타거나 배구를 하는 동적인 여성의 이미지로 바뀌었으며 1941년 12월에 진주만 공습으로 제2차 세계대전에 뛰어든 이후로는 노골적인 전쟁 이미지로 변화하게 되었다. 일본이 전시 체제로 들어가고 『모던 일본』의 편집체제에도 변화가 생기기 전까지 긴 기간 동안 비슷한 유형의 이미지를 표지로 고수함으로써 『모던 일본』이라고 하면 바로 떠올릴 수 있는 일관된 시각적 이미지를 대중에게 각인시켰다고 할 수 있다.

『모던 일본』은 표지 일러스트 이외에도 시각적 이미지를 이용하여 『모던 일본』만의 독특한 느낌을 만들어 내고자 하였다. 그 가운데 하나가 [그림 8]과 [그림 9]의 표지에 보이는 잡지 이름의 문자 디자인인데 이 디자인은 1943년 1월에 『모던 일본』이 『신태양(新太陽)』으로 이름을 바꾸기 전까지 일관되게 사용되며 『모던 일본』을 상징하는 또 하나의 시각 이미지가 되었다. 마해송이 편집장을 맡기 전까지는 표지에만 쓰였던 문자 디자인은 복간 후에는 잡지 지면에서 '모던 일본'이라는 잡지 이름이 나올 때마다 등장하여 현재의 브랜드 로고 마크처럼 '모던 일본'이라는 잡지 이름을 하나의 시각 이미지로 각인시켰다. 이러한 전략은 당시 다른 잡지에서는 보기 힘든 것이었다.

『모던 일본』은 문자 디자인 외에도 잡지 지면에서 시각적 이미지를 강조하기 위해 캐릭터도 활용하였다. 『모던 일본』이 적극적으로 활용한 캐릭터는 1930년대 초 미국 애니메이션을 통해 유명해진 베티 부프(Betty Boop)로 처음 지면에 베티 부프가 등장한 건 1933년 9월호이다. 이 호에서는 독자 현상대회의 일환으로 퀴즈를 내었는데 잡지 각 페이지에 그려진 베티 부프의 숫자를 독자들이 세어 맞추는 퀴즈 대회를 연 것이 베티 부프가 등장한 계기였다.([그림 10] 좌 1, 2) 그러나 현상대회가 끝난 후에도 내용적으로 전혀 상관없는 곳에 베티 부프를 그려 넣으며 마치 『모던 일본』의 캐릭터처럼 베티 부프를 활용하였다. 그리고 1934년 3월부터 베티 부프는 진짜가 아닌 어딘지 닮은듯한 캐릭터로 바뀌었

그림 10 | 『모던 일본』에 그려진 베티 부프 캐릭터(좌 1, 2는 1933.9, 우 1, 2는 1934.3)

는데 그 이후로도 계속 비슷한 이미지의 캐릭터가 등장하게 되었다.([그림 10] 우 1, 2)

[그림 10]의 가장 우측 그림을 보면 페이지 하단에 조그맣게 캐릭터가 들어가 있고 그 아래에 무언가 글이 적혀 있는 것을 확인할 수 있다. 이 작은 캐릭터는 잡지 지면 곳곳에 등장하는데 그 캐릭터들 아래에는 "꽃필 때 만나"나 "용감하게 해", "나 유쾌해" 등의 대사가 있어 독자를 향해 이야기하는 방식을 취하고 있다. 『모던 일본』의 페이지를 넘기다 보면 여러 곳에서 튀어나와 독자에게 말을 거는 친근한 캐릭터는 당시의 다른 대중잡지에서는 보이지 않는 『모던 일본』만의 특징이었다. 스치면서 지면을 언뜻 보기만 해도 이 잡지가 『모던 일본』임을 알 수 있게 하는 이 캐릭터는 『모던 일본』의 마스코트 같은 존재였다고 해도 무방할 것이다.

『모던 일본』을 하나의 브랜드로 만드는 것은 비단 잡지 안에서만 이루어지는 일이 아니었다. 『모던 일본』의 또 다른 브랜드화 전략은 상업화와 맞닿아 있었는데 모던일본사는 '모던 일본'이라

는 이름을 붙인 다양한 상품을 제작하여 판매하였다. 그 대표적인 상품으로 〈모던 일본의 노래(モダン日本の唄)〉라는 유행가 레코드와 '모던 일본 특선 엽서', '모던 일본 스타일 유카타(浴衣)' 등이 있었으며 이 상품들은 일회적인 이벤트성이 아니라 몇 년에 걸쳐 판매되었다. 당시에 잡지사가 일반적으로 대리점이라는 형태로 특정 상품의 판매를 대행하고 있었던 방식을 취한 것에 비해 모던일본사는 상품에 직접 '모던 일본'이라는 이름을 붙였으며 거기다 '모던 일본 스타일 유카타'처럼 옷에 잡지 『모던 일본』의 스타일을 적용한 상품까지 만들어 냈다.

이렇게 잡지와 연계하여 상품을 만들어 내는 일련의 과정에는 빅터 레코드(〈모던 일본의 노래〉)나 마쓰자카야(松坂屋) 백화점('모던 일본 스타일 유카타')처럼 다른 유명 기업과의 컬래버레이션 작업이 포함되었다. 각 분야에서 권위를 가지고 있는 기업과의 협업은 신뢰할 수 있는 상품, 신뢰할 수 있는 브랜드로서 '모던 일본'을 정착시켜 독자들의 소비를 촉진시켰다. 즉 『모던 일본』의 독자가 구입한 것은 '물건' 그 자체라기보다는 '물건' 안에 담겨있는 잡지 『모던 일본』의 이미지였으며 독자는 상품을 통해 그 이미지를 소비하고 있었다고 해야 할 것이다.

대중을 사로잡기 위한 『모던 일본』의 전략
─세 번째, 독자를 행동하는 주체로

『모던 일본』은 기존의 잡지가 독자를 포섭하기 위하여 행했던 독자 현상대회나 애독자와의 만남 같은 이벤트를 기획하여 실시하면서 동시에 보다 독자의 생활 속으로 깊게 파고들 수 있는, 또 독자에게 적극적으로 행동할 것을 유도하는 시스템을 구축하려고 했다. 그러한 시도 가운데 가장 주목할 만한 것은 「모던 일본 클럽」이라는 회원제 소식지이다.

『모던 일본』의 지면에는 비정기적으로 영화관이나 극장의 할인권이 실리고는 했는데 이 할인권을 독자에게 정기적으로 제공하기 위해 『모던 일본』과는 별도로 만든 것이 「모던 일본 클럽」이었다. 「모던 일본 클럽」은 회비 30전을 처음에 한 번만 내면 영구 회원이 되어 매달 할인권이 담긴 회보(B4 용지를 반으로 접어 만든 4페이지짜리 소식지)가 우편으로 배달되는 시스템이었다. 「모던 일본 클럽」에는 연극, 영화, 가부키(歌舞伎), 레뷰 같은 공연부터 식사나 여행에 이르기까지 다양한 여가를 즐길 수 있는 할인권을 제공하는 것 외에도 한 달에 한 번 회원을 대상으로 티파티의 안내가 실리기도 했다.

「모던 일본 클럽」이 시작되었을 때 잡지 『모던 일본』 정기호의 본체가 20전이었고 「모던 일본 클럽」의 회원비는 30전이었으니 잡지 한 권보다 B4 종이 한 장이 훨씬 비싼 셈이었다. 그러나 잡지보다 회원비가 비쌌음에도 불구하고 가입 요청이 쇄도하였는데, 그 이유는 할인권을 적게 활용한다고 해도 독자가 이익을 얻을 수 있는 구조였기 때문이다. 「모던 일본 클럽」의 할인율은 대상에 따라 10%부터 50%까지 제각각이었는데 예를 들어보면 1932년 12월 회보에 실린 극장 메이지좌(明治座)의 경우 20% 할인이었고 입장료가 자리에 따라서 3엔 80전과 2엔 50전 두 종류가 있었기에 20%의 할인율이라면 할인 금액은 76전과 50전으로 한 번의 이용만으로도 회비를 웃도는 이익을 얻을 수 있었다.

『모던 일본』의 독자들은 「모던 일본 클럽」의 할인권으로 경제적인 혜택을 얻었을 뿐 아니라 『모던 일본』의 기획을 통해 문학가 가와바타 야스나리(川端康成) 부부 등 당대 유명인들과 함께 피크닉을 가는 이벤트에도 참석할 수 있었다. 이렇게 잡지 『모던 일본』의 독자들은 잡지의 기획과 「모던 일본 클럽」에 실린 할인권을 이용해 공통된 문화 경험을 쌓고, 나아가 「모던 일본 클럽」이 마련한 티파티에서 모여 서로의 경험을 공유할 수 있었다. 즉 「모던 일본 클럽」은 독자들에게 문화 경험을 장려하기 위한 할인 혜택을 제공했을 뿐만 아니라 독자들끼리 소통할 수 있는 커뮤니티의 장까지 마련해 주었던 것이다.

당시 일본의 다른 대중잡지들은 책자 또는 가계부 등 잡지 본체를 압도하는 부록을 증정하여 부록을 얻기 위해 잡지를 사게 만드는 전략을 구사하며 독자를 확보하고자 했다. 이러한 상황 속에서 『모던 일본』은 그러한 부록을 전혀 증정하지 않았다. 다른 잡지들이 벌이는 부록 경쟁에 참가하지 않은 대신 『모던 일본』은 「모던 일본 클럽」을 통해 할인권을 제공하거나 이벤트를 여는 방식으로 독자에게 특전을 제공하고 있었는데 이 두 가지 방식에는 독자를 대하는 자세에서 큰 차이점이 존재한다.

여타의 잡지사가 증정하는 부록은 대부분 책자나 물건이었는데 이 부록들은 독자들을 책을 읽는 존재 또는 물건을 받아쓰는

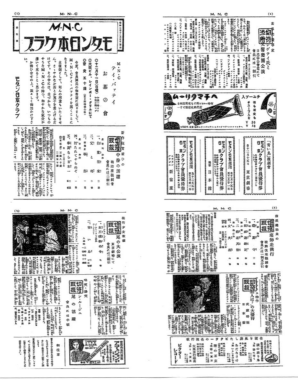

그림 11 | 「모던 일본 클럽」(1932.12)

존재라는 수동적인 역할에 머물게 하였다. 그러나 『모던 일본』의 특전―다양한 문화 경험을 할 수 있는 할인권, 피크닉, 티파티 등 ―은 독자가 거기에 참가하지 않으면 소용이 없는 것으로 독자들이 그 특전을 활용하기 위해서는 반드시 스스로 행동을 해야 하는 구조였다. 이처럼 행동을 전제로 한 특전을 제공하여 독자를 행동하는 주체로 만들었다는 점에서 『모던 일본』의 독자 전략은 기존의 방식과는 완전히 달랐다고 할 수 있다.

이와 같은 과정을 통해 『모던 일본』은 독자들이 다양한 문화 활동을 하도록 장려하여 독자의 문화 활동을 서포트하는 잡지라는 이미지를 획득하였다. 「모던 일본 클럽」이 시작되고 얼마 지나지 않아 『모던 일본』에는 "신문의 할인권은 쓰기가 조금 부끄러워 싫었는데 이 할인권은 괜찮았어요"나 보고 싶었던 가부키의 표가 이미 매진이라 포기하고 있었는데 친구 이야기를 듣고 「모던 일본 클럽」에 가입하였더니 20% 할인된 금액으로도 좋은 자리를 주었다는 독자의 체험담이 실렸다. 이러한 체험담을 보면 「모던 일본 클럽」의 할인권은 그저 할인을 받기 위한 쿠폰이 아니라 일종의 특권에 가까운 느낌을 독자들에게 주었다고 추측해 볼 수 있다. 일반독자와 문화계의 저명한 인물을 만나게 하고 독자들의 문화 활동을 서포트하는 역할을 적극적으로 수행한 『모던 일본』은 경박하고 통속적인 요소가 강한 모던 문화를 추종하는 잡지라는 이미지에서 벗어나 독자에게 '행동하는 문화로서의 모던'이라는 장을 마련해 주었다는 이미지를 구축할 수 있었다. 나아가 독자들끼리, 때로는 문화인과 일반독자가 소통하고 교류할 수 있는 문화적 공동체로서의 위치까지 점할 수 있었다.

여기서 주목해야 하는 부분은 앞에서도 언급하였듯이 모던일본사가 『모던 일본』이나 「모던 일본 클럽」을 통해 형성한 위와 같은 시스템이 독자가 스스로 결정해서 움직여야 하는 구조를 가지고 있었다는 점이다. 당시 큰 인기를 끌었던 부인잡지의 경우 가까운 지역에 사는 독자가 모여 집단적 커뮤니티를 형성하였다. 또는 잡지사가 주최하는 강연회가 끝난 뒤에 '부인회'를 결성했던 『주부의 벗(主婦之友)』이나 독자 모임인 '벗의 모임(友の会)'를 전국적으로 조직했던 『부인의 벗(婦人之友)』 등 출판사가 주도하여 잡지를 중심으로 한 강력한 독자 조직을 만들고자 했다. 반면에 「모던 일본 클럽」과 『모던 일본』이 제공하는 문화 경험이나 이벤트는 단발성으로 기획된 것으로 정기적인 모임이나 조직이 아니었다. 모던일본사는 할인권을 제공하고 독자들이 다양한 '체험'을 할 수 있는 이벤트를 준비할 뿐 그것을 활용하고 거기에 참가하는 것은 오로지 독자의 몫이었다.

이러한 사실로 미루어 보아 『모던 일본』은 출판사가 주도하여 잡지라는 매개체를 통해 집단화된 독자 조직을 만드는 것이 아니라 독자 개인의 선택에 따른 '체험'을 장려하고 그 '체험'을 독자들이 공유하는 형태로 자발적인 독자 공동체를 만들고자 했다는 것을 알 수 있다. 바꾸어 말하면 『모던 일본』의 독자에게는 자발적으로 행동하여 '체험'하고 그것을 공유할 수 있는 주체성이 요구되었으며 그 과정에서『모던 일본』은 잡지 미디어와 현실의 모던 문화를 이어주는 통로로 기능하였다고 할 수 있다.『모던 일본』의 독자들은 잡지 지면과 현실을 오가며 '체험'을 통해 자신만의 모던을 만들어가고 있던 것이다.

『모던 일본』은 사람의 행동—이동·소비·체험·공유—을 바탕에 두고 독자층을 형성하고자 했으며 이러한 방식을 통해 독자 개인이 주체적인 모던의 체현자가 되도록 유도하였다.『모던 일본』이 다른 '모던'계 잡지와는 달리 오랜 기간 대중의 지지를 얻을 수 있었던 것은 엔터테인먼트로서 즐길 수 있었던 잡지 내용에서만 그 이유를 찾을 수 있는 것이 아니다. 모던을 체현하는 독자가 잡지 지면을 벗어나서 주체적으로 행동할 수 있는 장을 마련해 준 하나의 문화권으로 기능했기 때문에『모던 일본』은 대중의 폭넓은 지지를 얻을 수 있었다.

제3장

행동하는 대중과
내셔널리즘의 조우[1]

대중에서 '국민'으로 가는 길

마해송이 편집장으로 취임하고 『모던 일본』이 다양한 전략으로 대중을 사로잡기 시작한지 5년 후 일본은 중일전쟁을 일으켜 본격적인 전시 체제로 들어갔으며, 그로부터 4년 후에는 선전포고 없이 진주만을 공습함으로써 유럽을 중심으로 전개되던 제2차 세계대전을 말 그대로 '세계'로 확장했다. 모던의 시대는 10년이 채 지나지 않아 파시즘의 시대로 바뀌었고 주체적으로 행동하던 모던의 체현자들은 열렬한 파시즘의 신봉자가 되어 전쟁의 선두에 섰다. 대중이 '국민=신민'으로 옷을 바꾸어 입은 것이다.

광풍과도 같은 전쟁 속에서 총력전이라는 말 아래에 정치, 사회, 산업, 문화의 범주를 넘어 이윽고 일상까지 전쟁으로 물들었을 때 사람들이 사회적으로 자신의 존재를 인정받을 수 있는 유일한 방법은 나라를 위해 몸을 바치는 '국민'이 되는 것이었다. 총력전 시대의 '국민'이란 국가와 천황을 위해서 자신을 바치는 영예를 아는 사람, 즉 누구보다 앞서서 전장으로 달려갈 수 있는 사람이었다. 또 그러한 사람들이 중국과 동남아시아 등 일본 본토

밖에서 벌어지는 전쟁으로 달려간 이후 남겨진 일본을 지탱하는 역할을 맡은 사람들 역시 훌륭한 '국민'으로 대우받았다. 사람들은 전쟁을 적극적으로 수행하는 '국민'인가 아닌가의 기준으로 분류되었으며 그 틈바구니에서 사람들은 '국민'의 범주에 벗어난 '비국민'을 배척하고 공격함으로써 스스로를 정당화하고 '국민'들끼리 단결했다.

1945년 8월 15일에 일본이 포츠담 선언을 수락하는, 사실상 무조건적 항복을 발표하는 데에 큰 영향을 미친 일 가운데 하나가 히로시마(広島)와 나가사키(長崎)에 투하된 원자폭탄이었다. 히로시마와 나가사키에 투하된 원자폭탄은 핵무기가 실제 전쟁에서 사용된 유일한 예이며 아직도 일본에서 전쟁의 참상을 상징하는 가장 비극적인 역사로 기억되고 있다. 1945년 이후에 많은 문학작품이나 미디어를 통해 원폭을 그린 이야기가 발표되었는데 그 가운데 히로시마 원자폭탄 투하를 소재로 한 『맨발의 겐(はだしのゲン)』이라는 만화가 있다. 실제 히로시마에서 피폭을 경험했고 원폭으로 가족을 잃은 나카자와 게이지(中沢啓治)가 자신의 경험을 바탕으로 1973년부터 연재한 이 만화에는 전쟁의 비극과 원폭으로 인한 고통, 그리고 미래를 향한 희망이 그려져 있어 아직도 많은 사람에게 원폭 문제를 다룬 필독서로 읽히고 있다.

1983년 간행된 단행본 1권의 가장 마지막 부분에 원자폭탄이 투하되는 순간과 그 직후의 모습이 등장한다. 원폭이 투하되기 전까지 1권 내용 대부분이 그리고 있는 것은 일본의 작은 시골 사회에서 일어난 '국민'과 '비국민'의 대립, 나아가 '비국민'으로 겪어야 했던 배척과 공격이다. 당시 일본에서는 국가 정책과 전쟁에 적극적으로 가담하는 사람들을 '국민'이라 칭하고 그에 반대하는 사람들을 '비국민'이라 하였다. 국가 정책과 전쟁에 반대한다면 이 나라의 사람이 될 수 없다는 구도를 만든 것이다. 이웃들에게 배척당하지 않고 나아가 자신이 쓸모 있는 사회의 구성원임을 증명하기 위해서 일본인들은 '국민'이 되는 길을 선택하였고 파시즘의 적극적인 행위자가 되었다. 당시 일본의 파시즘은 국가에 의해 유도되거나 강제되었을 뿐 아니라 대중이 파시즘을 내면화하여 주체적으로 행동했을 가능성도 존재한다고 할 수 있다.

　이제까지 일본의 1930년대를 말할 때 사람들은 모던과 파시즘을 아예 단절된 것으로 여겼다. 하지만 '국민'이 된 대중들은 하루아침에 만들어진 것이 아니었다. 모던을 통해 배양된 대중의 주체성이 원동력이 되었기에 일본의 '국민'들은 누구보다 적극적으로 행동하는 충실한 천황의 신민이 될 수 있었다. 제3장에서는 대중의 주체성이라는 관점에서 모던에서 파시즘으로 이행하는 과정에 다가감으로써 일본의 1930년대를 단절된 것이 아닌 하나의 연결된 흐름으로 파악할 수 있는 실마리를 얻고자 한다.

모던 문화를 통해 형성된 대중의 욕망

　　모던에 열광하던 사회에서 파시즘이 지배하는 사회로 이행해 가는 과정에서 양자를 이을 수 있는 매개체로 가장 먼저 떠오르는 것은 대중과 스포츠이다. 모던과 파시즘의 행위자인 대중과 '국민'은 주체성이라는 공통된 행동특성을 보이며, 스포츠는 1920년대 중후반부터 모던 문화의 한 영역으로 큰 대중적인 인기를 얻는 동시에 국가대항전을 통해 대중을 내셔널리즘으로 인도해갔기 때문이다. 요컨대 대중과 스포츠는 둘 다 모던 문화를 구성하는 요소인 동시에 파시즘을 뒷받침하는 존재이기도 한 것이다.

　　다이쇼 시대에 그 존재가 확립된 대중은 쇼와 시대의 모던 문화를 향유하며 '행동하는 주체'로 대두되었다. 1930년대 일본의 모던 문화를 나타내는 가장 큰 특징은 도시 중심의 문화, 소비중심의 문화라고 할 수 있다. 백화점이나 카페, 바, 영화관 등의 도시공간이나 잡지나 영화 같은 대중문화예술의 유행, 그리고 양장을 차려입고 백화점이나 카페에 출입하는 모던걸, 모던보이 등 모던 문화를 상징하고 있는 요소들은 대부분 대중의 소비행위와 깊게 연관되어 있었다. 즉 1930년대 전반의 모던 문화는 잡지나 광고 등의 미디어에 의해 자극되고 축적된 대중의 욕망이 소비라는 형태의 행동으로 발산되는 과정을 거치며 형성된 것이었다. 제2장에서 살펴보았듯이 스스로의 선택과 욕망에 따라 주체적으로 행동하는 대중이 모던 문화의 핵심적인 존재였다는 사실은 부정할 수 없다.

이러한 대중의 행동 양식 변화는 도시문화의 변화와도 상관 관계가 있다. 활동사진이나 서커스, 유원지 등 최첨단의 오락거리와 성 산업이 호황을 누리며 수도 도쿄의 문화를 상징하던 아사쿠사가 1923년의 관동대지진으로 큰 타격을 입고 그 자리를 긴자에 물려준 것은 대중의 변화와 맞물려 있다. 요시미 슌야(吉見俊哉)가 일본 도시사회학의 명저 『도시의 드라마투르기(都市のドラマトゥルギー)』(1987)에서 지적하였듯이 1920년대에 일본 도시문화의 중심은 영화상설관이나 '아사쿠사 오페라(浅草オペラ)'를 중심으로 한 '보는 행위'가 지배하던 아사쿠사에서 '긴부라(銀ブラ)'라는 존재로 대표되는 긴자로 옮겨 갔다. '긴부라'란 백화점과 카페, 극장 등이 빼곡히 들어서서 밤이면 번쩍이는 네온간판이 사람들의 욕망을 자극했던 거리인 긴자의 이름과 슬렁거리며 걸어 다닌다는 뜻의 일본어 부라(ぶら)가 결합한 말로 긴자 거리를 슬렁거리며 산책하다가 거리에 늘어선 가게로 들어가 소비행위를 즐기는 대중을 가리키는 말이다.

도쿄의 문화적 중심이 아사쿠사에서 긴자로 이동하였다는 사실은 '보는 문화'를 즐기던 수동적인 대중이 거리를 걸어 다니면서 백화점 쇼윈도를 관찰하고 그를 통해 소비하는 '행동하는 주체'로 변화했다는 것을 나타내는 상징적인 현상으로 해석할 수 있다. 쇼와 시대에 새로이 등장한 '긴부라'라는 유형의 대중을 통해 알 수 있는 것은 대중이 주체로서 확립되는 과정에는 대중의 욕망이 형성되고 그 욕망을 발산하기 위해 행동이 일어난다고 하는 메커니즘이 존재했다는 사실이다.

1930년대 전반의 자유로운 모던 문화 속에서 욕망의 형성과 발산과정에 의해 성립되었던 행동하는 대중의 존재는 1930년대 후반에 전쟁이 심화되면서 일본 정부에 의해 사회가 통제되기 시작함에 따라서 위기를 맞이하게 된다. 억압된 사회 안에서 대중이 욕망의 발산을 통제당했을 때 갈 곳을 잃은 욕망이 발산될 수 있는 유일한 돌파구는 파시즘과 전쟁에 대한 찬동이었다. 그러한 과정을 거치면서 대중은 '국민'으로 변화하게 된 것이다.

일본이 근대화되는 과정 초기에 '개인'이라는 개념이 서양으로부터 들어와 정착하면서 사회적으로는 부락을 중심으로 한 전근대의 공동체 생활에서 개인이라는 것을 발견해 가는 과정, 즉 백성에서 대중으로 이행해 가는 과정이 있었다. 그에 비해 1930년대 전반에서 후반에 걸쳐 대중에서 '국민'으로 이행해 갔던 과정에는 개인에서 공동체(국가공동체)로의 회귀가 존재하고 있었다고 할 수 있다. 여기서 주목해야 할 것은 국가공동체에 대한 대중의 욕망이 천황을 중심으로 한 파시즘의 기반을 구성하는 한 축이었다는 사실이며, 이러한 대중의 욕망을 자극한 것이 다름 아닌 모던 문화의 한 부분을 이루고 있던 스포츠였다는 사실이다.

모던과 파시즘의 공동영역, 스포츠

근대스포츠는 19세기 말 무렵에 일본으로 유입되었는데 처음에는 서양 선교사들에 의한 학교교육의 일환으로 들어와 개인의 신체를 단련시키기 위한 수련이 스포츠의 중요한 목적이었다. 그러나 다이쇼 시대에 여가 문화가 발달하면서 탁구나 스키, 골프, 스케이트 등의 운동이 취미와 여가활동으로 보급되었다. 이 시기의 스포츠는 서양에서 유입된 근대 신문물의 상징이자 새로운 문화체험의 일종으로 받아들여졌으며 개인이 일상을 통해 체험하는 형태를 가지고 있었다. 반면 동시에 스포츠를 국가라는 단위로 살펴보면 비슷한 시기에 일본 정부에 의해 국가적으로 이루어진 정책을 통해 스포츠가 일본이 제국주의를 확장하는 데에 이용되었던 것도 사실이다. 다이쇼 시대에 여가를 통해 개인적으로 체험하는 스포츠와 국가가 장려하는 스포츠는 맞닿아 있으면서도 커다란 간극을 가지고 있었다.

스포츠가 전혀 다른 관점에서 사람들에게 인식되기 시작한 것은 1920년대 중후반, 즉 1926년부터 시작된 쇼와 시대와 함께였다. 1921년에 창설된 대일본축구협회(大日本蹴球協会)를 시작으로 각종 스포츠협회가 창설되면서 스포츠경기대회는 대중에게 인기를 얻기 시작하였다. 동시에 스포츠 인프라가 확충되며 1924년에 한신 고시엔 야구장(阪神甲子園野球場)과 메이지신궁 외원 경기장(明治神宮外苑競技場), 1927년에 후지이데라 구장(藤井寺球場) 등 전국에 대단위 경기장이 건설되었다. 신문이나 잡지, 라디오 등의 매체에서는 연일 스포츠에 관한 소식을 전하며 스포츠는 다 함께 즐길 수 있는 대중문화로서 영역을 구축해갔다. 특히 1930년대 초반에 들어서면서 스포츠는 당시 유행의 절정에 있던 모던 문화 중의 하나로 인식되며 대학스포츠 등의 단체대항전을 중심으로 그 인기를 더하게 되었다.

스포츠가 모던 문화로 자리 잡는 데에는 경기장의 역할이 컸다. 잡지 『문학시대(文学時代)』의 1931년 5월호에는 도시의 여러 명소나 장소를 다룬 「도회를 진찰한다(都会を診察する)」라는 기사가 실렸다. 그 기사에 소개된 곳은 마루노우치(丸ノ内)와 신주쿠역 같은 도쿄의 번화가뿐만 아니라 비행장, 카페와 바, 영화관 거리, 댄스홀 등 모던 문화를 상징하는 장소들이었다. 그 가운데 메이지신궁 외원 경기장을 뜻하는 '외원(外苑)'이 등장하는 것을 봐도 경기장을 중심으로 한 스포츠 문화가 모던 문화의 한 축으로 자리매김하고 있었다는 사실을 알 수 있다. 그 이전에는 수련이나 체험으로서의 의미가 강했던 스포츠가 경기장에서 이루어지는 '관전'이라는 행위와 더불어 다양한 미디어에 의해 대중에게 공유되고 소비되면서 인기 있는 대중문화로 탈바꿈한 것이다.

이 시기에 스포츠의 인기는 가히 하늘을 찌를 정도였다. 1929년에는 그해의 유행으로 스포츠를 꼽으면서 야구 시구식에 일본 총리가 나올 만큼 인기가 있었다는 기사[2]가 나왔다. "실로 1930년은 야구광 시대"라고 단언하는 잡지 『신청년(新青年)』의 「무서운 야구광 시대(恐ろしき野球狂時代)」(1930.11) 역시 대중문화로서 스포츠가 얼마나 인기 있었는지를 나타내고 있다. 여기서 이러한 스포츠의 유행이 스포츠 경기, 즉 경쟁이라는 스포츠의 속성을 바탕으로 하고 있었다는 점을 눈여겨볼 필요가 있다. 당시 스포츠 중에서도 특히 인기가 있었던 것은 중고등학교나 대학 간의 대항전이었는데 대중잡지에 실린 스포츠 기사 중에서도 가장 각광 받았던 것은 [그림 12]와 같이 도쿄의 여섯 대학이 만든 야구리그인 '도쿄 6대학 야구 연맹(東京六大學 野球連盟)'및 그들의 리그전과 관련된 기사였다. 특히 그 가운데에서도 우리나라 연고전/고연전에 해당하는, 와세다 대학(早稻田大學)과 게이오 대학(慶應大學)이 라이벌 구도를 이루어 펼치는 조경전(早慶戰)과 같은 대항전이 큰 인기를 얻었다.

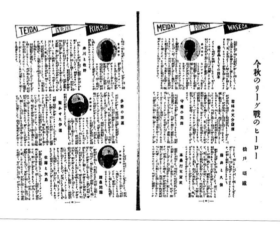

그림 12 | 『모던 일본』「올가을 리그전의 히어로」(1930.12)

대중은 이러한 대항전을 관전하며 그라운드에서 직접 경쟁하는 선수와 심정적으로 동일화되었으며 다 같이 팀/선수를 응원하는 가운데 스포츠 경기를 통해 자신을 공동체의 일원으로서 인식하게 되는 문화를 경험하게 되었다. 스포츠 경기를 통해 자신을 공동체의 일원으로서 자각하게 됨과 동시에 경쟁이 주는 자극을 즐기던 대중의 관심은 스포츠 경기를 통한 국제 교류가 확산되면서 자연스레 국가대항전으로 향하게 되었다. 각종 미디어에 의해 크게 선전되는 국제대항경기나 올림픽을 접하면서 대중은 국가 공동체의 일원으로 스스로를 인식하게 되었다. 스포츠는 모던 문화이자 동시에 파시즘이 꽃피는 토양의 자양분이 되는 내셔널리즘의 선전장이 된 것이다. 대중은 그렇게 대중문화로서의 스포츠를 즐기는 가운데 내셔널리즘에 고취되어 갔다.

대중잡지에 나타난 스포츠 기사의 특성과 "편듦"

모던 문화를 즐기던 대중이 스포츠를 통해 어떠한 방법으로 국가에 대한 욕망을 키워갔는가를 살펴보기 위해 대중잡지에 실린 스포츠 관련 기사에 주목해보도록 하자. 모던 문화를 중점적으로 다루던 '모던'계 잡지나 모던적인 요소를 다루었던 잡지로 알려진 『신청년』(1920년 창간) 등의 대중잡지에 나타난 스포츠 관련 기사는 크게 1920년대 말부터 유행한 대학스포츠를 중심으로 한 단체대항전에 관한 기사와 1932년 로스앤젤레스 올림픽과 1936년 베를린 올림픽이라는 두 번의 올림픽을 다룬 기사로 나눌 수 있다. 먼저 단체대항전에 관한 기사를 통해서는 모던의 시대가 도래하기 전까지 개인의 체험으로 향유되었던 스포츠를 관중으로서 체험함으로써 스포츠가 공동체적인 체험으로 바뀌는 과정에서 보이는 대중의 변화에 대해 살펴볼 것이다. 또 올림픽 관련 기사를 통해서는 국가 단위의 스포츠 이벤트로 발전한 올림픽을 중심으로 대중을 '국민'으로 유도해 가는 잡지 미디어의 움직임과 변화를 따라가 보고자 한다.

1930년대 당시 모던 문화를 견인하는 데에 큰 역할을 담당했던 대중잡지에서 스포츠는 단골 소재 중 하나였다. 하지만 스포츠를 다루는 방식에는 차이가 있었는데 근대일본의 가장 대표적인 대중잡지이자 가장 성공한 대중잡지인 『킹』은 베를린 올림픽이 열렸던 1936년 10월과 11월에 두 번에 걸쳐 올림픽 특집호를 꾸리기는 했지만 스포츠가 대중문화로 정착되며 인기를 얻던 시기에는 스포츠에 관한 기사를 많이 싣지는 않았다. 베를린 올림픽 특집호도 스포츠 그 자체에 관한 내용이라기보다는 올림픽이 얼마나 훌륭했는지, 또 일본이 얼마나 잘했는지에 대해 포커스를 맞춤으로써 올림픽을 스포츠가 아닌 국가라는 관점에서 바라보는 시각을 보였다.

이와 같은 관점은 모던 문화를 다루는 잡지의 태도와 명확히 구별되는 지점이다. 모더니즘과 모던 문화를 중점적으로 다루었

그림 13 『신청년』
「야구와 극동대회」 표지(1930.5)

던 대표적인 잡지인 『신청년』은 1920년대 후반부터 「스포츠(ス ポーツ)」라는 코너를 마련하였다. 그 코너에서는 스포츠계의 동정 이라든지 당시 문학계에서 유행 했던, 스포츠를 중심 소재로 한 소설 장르인 '스포츠 소설'[3]들을 매호마다 게재하고 있었다. 『신 청년』에서 주목할 만한 점은 올 림픽 특집은 기획되지 않았지만 1930년에 두 번에 걸쳐 스포츠 특집호를 기획하였다는 사실이

다. 『신청년』 스포츠 특집호의 첫 번째는 1930년 5월에 나온 「야 구와 극동대회(野球と極東大会)」([그림 13])이며 두 번째는 11월에 간 행된 「추계 올 스포츠(秋季オール·スポーツ)」였다. 즉 『신청년』은 내 셔널리즘을 내세운 올림픽보다는 스포츠가 대중문화로서 정착하 는 과정에서 더 적극적인 움직임을 보인다고 할 수 있다. 『킹』과 대비되는 『신청년』의 이러한 노선에서 당시 스포츠를 대중문화 이자 모던 문화로서 대중에게 널리 확산시킨 것은 다름 아닌 모 던 문화를 이끌어가던 잡지 미디어였다는 사실을 알 수 있다.

1930년은 각종 단체대항경기가 인기를 끌며 소위 '스포츠의 시대'라고 불렸던 시기였으며 『모던 일본』에도 두 번의 올림픽

이전부터 스포츠 관련 기사가 다수 실렸다. 하지만 『모던 일본』을 제외한 다른 '모던'계 잡지에서는 스포츠가 그다지 주목받지 못했다. 그 이유로 짐작할 수 있는 것은 『모던 일본』이 남성과 여성 모두를 독자로 설정하여 다양한 모던 문화를 폭넓고 재미있게 다루고자 한 잡지였던 것에 비해 다른 '모던'계 잡지들은 제2장에서 살펴본 것처럼 한정된 대상을 독자로 설정하거나 한 가지 전문분야에 집중하는 형태를 지니고 있었기 때문에 스포츠에까지 영역을 넓히지 못한 것이 아닌가 여겨진다. 그에 비해 『모던 일본』은 창간호(1930.10)부터 「스포츠 과학(スポオツ科学)」이라는 기사를 실었으며 '도쿄 6대학 야구 연맹'과 중고등학교 야구리그인 고시엔 야구를 중심으로 한 야구 코너가 기획되는 등 창간 무렵부터 빠지지 않고 다양한 모던 문화 중의 하나로 스포츠를 활발하게 다루고 있었다.

『모던 일본』에 나타난 스포츠 관련 기사의 특징은 창간 초기에는 단체대항전을 다룬 기사와 골프나 스키 등 개인적으로 체험하는 스포츠에 대한 정보를 제공하는 기사가 거의 반씩 섞여 있었다는 점이다. 또 잡지에 게재되는 기사는 호당 평균 2~3개로 전체 잡지에서 차지하는 비중이 높다고는 할 수 없었다. 그러던 것이 1931년 5월호 「봄의 스포츠계(春のスポオツ界)」나 6월호의 「스포츠 특집(スポオツ特集)」 등의 특집기획이 마련되면서 단체대항경기와 올림픽 기사가 스포츠 관련 기사의 대부분을 차지하게 되었다. 특히 6월호의 「스포츠 특집」에는 「로스앤젤레스를 향해가는 필드의 10걸(ロスアンゼルスを目指すフイールドの十傑)」이나 「일본 선수의 활약에 감격한 이야기(日本選手の活躍に感激した話)」가 실려 있어 로스앤젤레스 올림픽이 열리기 1년 정도 전부터 『모던 일본』이 올림픽을 의식하고 있었다는 사실을 알 수 있다.

하지만 1931년 하반기에 폐간의 위기를 맞은 『모던 일본』은 1932년 1월 마해송이 편집장으로 부임하면서 모더니즘에 대한 어려운 내용을 담은 기사들을 쉽고 재미있는 내용으로 바꾸었다. 그러면서 스포츠에 관해서도 복간 전에 보였던 스포츠에 대한 설명(「스키 입문(スキイ入門)」(1931.1), 「야구심판을 둘러싸고(野球審判者をめぐりて)」(1931.7) 등)이나 스포츠계를 둘러싼 문제에 대한 비평(「게이오-메이지전 보크 문제를 둘러싸고(慶明戰ボオク問題をめぐりて)」(1931.7) 등)이 사라지고 단체대항전을 중심으로 한 흥미 위주의 기사가 늘어났다.

흥미 위주의 스포츠 기사들은 다가올 리그전의 결과를 예측하거나 활약이 기대되는 선수를 소개하는 등 스포츠를 관전하는 데에 유용한 정보를 제공하였다. 그리고 야구의 봄 리그전이 열리는 시즌에 맞춰서는 특집 「야구호(野球号)」(1932.6)를 펴내어 리그전에 대한 독자의 흥미를 유발하였다. 즉 복간 후 『모던 일본』에 실린 스포츠 관련 기사는 실제로 경기를 관전할 것을 염두에 두고 관전에 도움을 줄 수 있도록 쓰여 있어 독자가 잡지에 실린 정보를 활용하면서 단체대항전을 즐길 수 있도록 구성되어 있었다고 할 수 있다. 스포츠에 대한 단순한 지식성 정보를 제공하는 것이 아니라 기사를 통해 독자가 스포츠 관전에 흥미를 느끼게끔 만들고 나아가 잡지의 정보를 활용하여 실제 관전하는 행동으로 이어지 게끔 유도한 것이다.

이처럼 독자를 '행동하는 주체'로 만들어서 모던 문화의 주체로 설 수 있게 하였던 『모던 일본』의 특색은 스포츠 관련 기사를 통해서도 나타나고 있다고 할 수 있다. 하지만 스포츠, 그중에서도 단체대항전을 통해 독자가 '행동하는 주체'로 성립되는 과정에는 다른 모던 문화에서는 나타나지 않은 특징이 하나 있다. 그것은 바로 "편듦(贔屓)"이라는 현상이다.

단체대항전을 즐기기 위해서는 대개 대항전을 펼치고 있는 두 팀 가운데 한 팀을 응원하게 된다. 1930년의 일본 사회를 휩쓴 스포츠의 유행을 분석하고 비평한 「올스타 좌담회(オール・スポーツ座談会)」(『신초(新潮)』 1931.1)에서는 일본이 스포츠의 시대를 맞이한 중요한 요소 가운데 하나로 "편듦(贔屓)"을 지적하고 있다. 좌담회에 참가한 참가자들은 백인은 정말로 이길 팀에게 돈을 걸지만 일본의 경우에는 감정적으로 판단하여 질지도 모르는 "순진한 내기"를 한다고 이야기한다. 또 경기를 보러 가는 팬의 입장에서는 "편듦"이 없으면 스포츠를 보고 흥분하거나 흥미를 느끼지 않을 것이라고 하며 세계에서 "일본인이 가장 편듦이 심하다"고 언급하고 있다. 이러한 지적은 1920년대 후반부터 단체대항전을 중심으로 대중문화로서의 스포츠가 정착하고 유행한 현상의 핵심을 파악한 것이라고 해도 과언이 아니다. 일본인이 강하게 가지고 있는 특색으로 일컬어지는 "편듦"이란 어떤 대상에 대한 감정적 이

입 상태를 의미한다. 자신을 공동체의 일원으로 승인하는 데에 이성이 개입하는 서양과 달리 일본인은 감정적인 끌림이나 욕구가 크게 작용하며 그것이 심리적 쾌감으로 이어진다는 것이다. 달리 말하면 스포츠는 대중이 "편듦" 현상을 이용하여 공동체에 대한 심적 욕망을 발산하는 창구였다고 할 수 있다.

이처럼 스포츠에서의 "편듦"을 통해 대중은 스스로 자신을 공동체의 일원으로서 위치시키고 그에 따라 심리적인 만족감을 얻고자 했다. 즉 다이쇼 시대에 확립되었고 모던을 통해 주체적인 개인으로서 문화를 형성했던 대중은 스포츠 경기를 통해 공동체의 구성원으로서의 쾌감을 맛보게 된 것이다. 이러한 스포츠와 대중을 둘러싼 메커니즘은 『모던 일본』의 올림픽 기사에도 여실히 나타나 있다.

『모던 일본』이 올림픽을 바라보는 시선

모던 문화의 한 축이었던 스포츠가 모던 문화의 영역 밖에서 파시즘을 뒷받침하는 역할을 담당하게 된 결정적인 전환점은 1930년대에 열린 두 번의 올림픽이었다. 스포츠, 특히 국제이벤트로서의 스포츠가 대중/국민의 내셔널리즘을 자극한다는 사실은 현재에도 너무나 명백한 명제로 받아들여진다. 하지만 근대 일본에서 대중문화로 향유되던 스포츠가 언제부터 내셔널리즘과 결탁하였는가 하는 문제는 1930년대의 두 번의 올림픽에서부터 본격적인 시작점을 찾을 수 있을 것이다.

1932년의 로스앤젤레스 올림픽과 1936년 베를린 올림픽이라는 두 번의 올림픽을 겪으며 스포츠는 대중에게 모던 문화의 범주를 뛰어넘어 국가공동체를 인식시키는 장치로 변모하였다. 특히 베를린 올림픽에서는 로스앤젤레스 올림픽에 비해 민족주의 및 국민동원과 파시즘 등의 문제가 보다 명확하게 드러났다. 이는 개최국인 독일이 올림픽을 나치의 선전장으로 이용했을 뿐만 아니라 참가국이었던 일본 역시 국가에 대한 열성적인 지지를 불러일으키기 위한 장으로 올림픽을 이용하였기 때문이다.

『모던 일본』은 두 번의 올림픽 가운데 1932년 로스앤젤레스 올림픽 때에는 특집호를 간행했지만 베를린 올림픽 때는 특집호를 만들지 않았다. 베를린 올림픽 관련 기사가 전혀 없는 것은 아니지만 1932년에는 대대적으로 특집호를 만들었던 것이 1936년에는 그렇지 않았던 이유는 명확하지 않다. 다만 앞에서 설명하였듯이 베를린 올림픽이 노골적으로 파시즘을 선전하는 장이었고 또 일본이 그를 이용하여 내셔널리즘을 고양시키고자 했기에 『모던 일본』으로서는 그것이 탐탁지 않았으리라 짐작할 수 있을 뿐이다. 『모던 일본』이 그러한 베를린 올림픽을 둘러싼 분위기에 거부감을 느꼈던 것을 편집인이었던 조선인 마해송과 결부하여 이야기할 수도 있겠지만 그것을 증명하기는 쉽지 않다. 『모던 일본』이 올림픽을 바라보는 시선에 대해 알아보기 위해서는 먼저 로스앤젤레스 올림픽을 다루는 『모던 일본』의 태도를 확인할 필요가 있다.

[그림 14]는 1932년 8월에 간행된 『모던 일본』의 로스앤젤레스 올림픽 특집호 표지와 화보이다. 모던 문화로서의 스포츠를 대변하는 장소인 경기장과 일장기가 그려진 판넬을 든 소녀의 미소를 책머리의 화보로 내세움으로써 올림픽을 다루면서도 국가의 영예나 국위 선양 같은 비장한 관점이 아니라 축제를 맞이하는 발랄하고 대중적인 시선으로 올림픽을 바라보고자 하였다. 또 "제10회 올림픽에 일장기는 몇 번 걸릴 것인가"라는 현상 퀴즈를 출제함으로써 메달 획득에 대해서도 국가공동체에 관한 관심을 가지고 지켜보는 것뿐만 아니라 독자들이 즐길 수 있는 오락적인 요소와도 결부시키고 있다.

이러한 점에서 보듯 『모던 일본』은 올림픽을 계기로 대중문화로서의 스포츠에 국가공동체로서의 영예와 오락적 즐거움을 동

그림 14 | 『모던 일본』 올림픽 특집호 표지 및 화보(1932.8)

1930년대 일본, 잡지의 시대와 대중

시에 부여함으로써 방향전환을 시도하고 있었다. 『모던 일본』이 올림픽을 바라보는 시선에는 국가공동체를 의식하고 선전하는 시선도 분명히 나타나 있지만 이벤트성의 축제가 가지는 즐거움이 단단한 토대를 이루고 있다고 할 수 있다. 이렇게 생각해 보면 축제로서의 즐거움이 거의 사라지고 국가 선전의 장으로 완전히 변모한 베를린 올림픽에 『모던 일본』이 소극적이었던 이유 역시 짐작할 수 있을 것이다.

대중잡지의 스포츠 기사와 파시즘으로 유도된 대중

한편 『신청년』이 국제적인 스포츠 이벤트를 바라보는 시선은 『모던 일본』과는 다른 양상을 보인다. 앞에서 언급한 『신청년』의 스포츠 특집호 「야구와 극동대회」는 '도쿄 6대학 야구 연맹'의 대회를 비롯하여 전국에서 열리는 야구대회에 대한 리포트를 통해 극동대회의 야구대항전을 준비하는 과정으로 구성되어 있다. 스포츠 경기대회가 인기를 얻는 가운데 큰 주목을 받으면서 두 번의 올림픽이라는 세계적인 국가대항전이 치러지기 이전에 국가대항 스포츠 대회로서 1913년부터 시작된 필리핀, 중화민국, 일본이 중심으로 된 극동선수권경기대회가 있었다. 『신청년』은 바로 이 극동대회에 초점을 맞춘 특집호를 펴낸 것이다.

하지만 같은 국제적인 스포츠 이벤트라고 해도 『신청년』이 극동대회를 준비하는 태세와 『모던 일본』이 올림픽을 준비하는 태세에는 많은 차이가 보인다. 『신청년』의 극동대회는 스포츠 경기대회라는 부분에 방점이 찍혀 있다고 한다면 『모던 일본』의 올림픽은 스포츠를 통한 국가대항 이벤트라는 점에 방점이 찍혀 있다고 할 수 있다. 즉 『모던 일본』이 올림픽을 바라보는 시선에 담겨있는, 올림픽이 가지고 있는 축제성—전 세계가 즐기고 기뻐하는— 속에서 대중이 국가라는 공동체로 환원될 수 있는 구조가 『신청년』에는 결여되어 있는 것이다.

덧붙여 말하자면 올림픽이 국가공동체를 강조하는 스포츠 이벤트이며 그에 따라 일본이라는 국가를 강조하는 형태로 잡지를 장식하게 되었다는 점에서는 두 잡지가 공통된 양상을 보인다. 올림픽 특집호는 내지 않았지만 『신청년』에도 올림픽 관련 기사는 실려 있는데 『신청년』은 로스앤젤레스 올림픽 기사를 통해 일본인 이민자 등에 포커스를 맞추고 있다. 반면 『모던 일본』에서는 올림픽의 축제성을 강조하는 방법을 통해 모던 문화가 가지는 발랄함을 유지한 채로 국가공동체를 대중에게 전파하고 공유시키고자 하는 의식이 강하게 보인다고 할 수 있다. 『모던 일본』은 이와 같은 접근방법을 구사함으로써 올림픽을 통해 내셔널리즘을 모던 문화와 이어진 하나의 문화양식으로 대중이 받아들일 수 있게 하였고 잡지 미디어에 유도된 대중은 주체적으로 내셔널리즘에 동화되어 갔다고 할 수 있다.

1920년대부터 각종 경기의 리그전을 비롯한 단체대항전이 유행하기 시작하며 스포츠는 개인의 신체 경험 또는 신체를 통한 문화의 체험이 아닌 관전을 통해 공동체를 이루는 개인을 경험하는 장으로 변화하게 되었다. 그리고 그러한 스포츠의 변화를 주도적으로 이끈 것은 스포츠를 모던 문화로서 대중들에게 전파하려고 했던 잡지 미디어였다. 경기장 속에서 관중, 즉 대중은 "편듦"을 통해 스스로 공동체의 일원으로서의 아이덴티티를 획득함으로써 욕망을 발산시킬 수 있는 자격을 얻었다. 여기서 욕망을 발산하는 '대중의 주체성'은 스스로를 공동체의 일원으로서 자각함으로써 얻어지는 것인데 이는 곧 개인의 개성이 매몰된 채 공동체와 동일화되었을 때 욕망의 발산이 이루어진다는 것을 의미한다. 즉 스포츠를 통해 나타나는 '대중의 주체성'은 개인이 개인으로서 그 존재가 성립될 때가 아닌 공동체와의 일체화를 지향함으로써 획득되는 것이라 할 수 있다. 이러한 과정을 통해 국가공동체와 스스로를 동일화시킨 대중이 '국민'으로 변화하며 파시즘을 향해 주체적으로 나아가게 된 것이다.

제4장

'모던'계 잡지 속의 여성[1]

모던걸의 중층성

1920년대 후반부터 유행한 모던 문화는 카페, 영화관, 백화점 등 도시문화의 발달과 함께 진행되었으며 그와 더불어 인쇄매체 및 영화, 라디오 같은 매체의 변화와 모던걸·모던보이라는 새로운 인간상의 등장도 동반되었다. 사회 문화 전반을 휩쓴 강력한 모던 문화의 파급력 속에서 여성은 일견 무대의 전면에 서 있는 것처럼 보였다. 카페나 바의 상징이었던 여급들이나 백화점의 판매원을 이르는 숍걸, 할리우드의 여배우들은 모던 문화의 중심에 서 있었으며 '에로·그로·난센스'를 내세우는 매체들은 여성들의 이미지로 가득 찼다. 그러나 이러한 여성들은 모던의 중심에 서 있기는 했지만 늘 남성에 의해 대상화되는 객체로 존재하였다. 그것은 문화를 생산하는 역할이 대부분 남성에게 맡겨져 있던 당시 상황과도 관련이 있는데 여성들은 문화 권력의 주체였던 남성들에 의해 글로, 사진으로, 영상으로 표현되는 대상이었던 것이다.

하지만 그러한 상황과는 반대로 여성들은 모던 문화 속에서 주체적인 존재로 인식되기도 하였는데 그 대표적인 예로 모던걸을 들 수 있다. 모던걸은 1920년대 중반 이후에 나타난 근대적인 여성을 지칭하며 단발에 양장(洋裝)이라는 복식 코드와 산책과 소비라는 행동 양식으로 대표된다. 1920년대 미국에서는 단발에 짧은 치마를 입은 자유분방한 여성을 플래퍼(flapper)라고 하였는데 도시문화와 대중문화 속에서 나타난 이와 비슷한 유형의 여성을 일본과 조선에서는 모던걸이라고 불렀다. 서구의 옷차림을 하고 모던 문화를 적극적으로 소비하는 모던걸은 거리를 활보하며 문화를 향유하는 주체적인 여성으로 인식되며 시대의 아이콘으로 부상했다. 그러나 이러한 모던걸은 여성들 스스로가 수동적인 존재에서 벗어나 주체로 변한 새로운 여성상이라고 하기보다는 모던 문화를 주도하던 미디어가 만들어낸 이미지를 보고 자극받은 여성들이 그러한 이미지를 추종하여 변신한 결과라고 할 수 있다.

　일본 모던 문화에 대해 이론적으로 규명하고자 한 미리엄 실버그(Miriam Silverberg)는 『에로틱 그로테스크 넌센스 —근대 일본의 대중문화(Erotic Grotesque Nonsense : The Mass Culture of Japanese Modern Times)』(2007)에서 "서양의 역사에는 존재하지 않았던 모던걸"이 일본 미디어가 만들어 낸 허상이라고 주장하였다. 실버버그는 "모던걸이 누구인지", "무엇이 모던걸로 만드는지"에 대한 의문을 제기하면서 모던걸이 미디어에서 벌어진 논쟁이 만든 "고도로 상품화된 문화적 복합개념"이라고 지적하고 있다.[2] 미리엄 실버버그가 주장하듯 모던걸이 주체로서 성립된 존재가 아니라 만들어진 존재였다는 견해는 최근에 더욱더 힘을 얻고 있다.

2010년대 이후에 일본과 한국에서 발표된 연구 역시 1930년대의 모던걸은 실재하는 것이 아니라 매체가 만들어 낸 이미지였다는 점에 주목하고 있다.[3]

모던걸이 결국은 남성 중심의 미디어가 만들어 낸 이미지를 여성들이 체현한 결과라고 한다면 1920-30년대의 모던 문화를 상징하는 여성상은 남성의 욕망이 투영된 표상인 동시에 '행동하는 주체'로서의 속성도 가지고 있었다고 할 수 있다. 남성에 의해 대상화된 객체인 동시에 주체로서 행동한 모던걸이라는 존재는 당시 모던 문화 속의 여성들을 객체로서만 파악하거나 주체로서만 파악하기는 어렵다는 사실을 일깨워준다. 모던 문화라는 토대 위에서 여성을 바라볼 때는 객체성과 주체성을 중층적으로 갖추고 있는 존재로 여성들을 인식하여 대상화되는 객체와 스스로 행동하는 주체라는 두 관점에서 접근해야 할 것이다.

모던 속에서 여성을 바라보는 남성의 시선
─신체의 분절화와 '에로'

'에로·그로·난센스'의 풍조가 강하게 반영된 '모던'계 잡지에는 남성의 시선을 통해 여성을 대상화하는 경향이 강하게 나타난다. 특히 '모던'계 잡지에 나타난 여성의 모습은 남성의 성적 욕망이 투영된 존재로 그려져 있다. 그 가운데에서도 여성의 신체를 바라보는 남성의 욕망 어린 시선은 잡지 첫머리에 실린 화보를 통해서 시각화되어 나타나는 동시에 글을 통해서도 나타나고 있는데 남성들에 의해 시각 이미지나 글로 재현되는 여성들의 신체는 얼굴이나 팔, 손처럼 외부로 드러나 있는 부분에 한정되지 않는다.

그림 15 | 『모던풍』「여자를 엿보다」(1931.6)

『모던풍』 1931년 6월호에는 「여자를 엿보다」라는 특집기획이 실려 있는데 이 기획은 「여배우의 어깨(映画女優肩議)」, 「면도칼은 안돼요(剃刀は駄目よ)」, 「현명한 아내를 만든 배꼽(賢夫人を作った臍)」, 「허리선의 아름다움·각선미(腰線美·脚線美)」 등 네 편의 글로 구성되어 있다. 네 글은 각각 여성의 신체 한 부분—어깨, 겨드랑이, 배꼽, 허리와 다리—을 글의 소재로 삼았는데 「여배우의 어깨」와 「면도칼은 안돼요」, 「허리선의 아름다움·각선미」는 에세이이며 「현명한 아내를 만든 배꼽」은 콩트 형식의 글이다. 「여배우

의 어깨」의 첫머리에는 "여배우의 매끈한 어깨에 대해 쓰라는 분부"가 있었다고 적혀 있으며 「면도칼은 안돼요」에도 "편집자인 나에게 주어진 과제"라는 표현이 등장하는 것으로 보아 잡지 편집부에서 여성의 신체를 지정하여 각 필자에게 글을 의뢰했던 것을 알 수 있다.

「여자를 엿보다」는 지정된 각각의 신체 부위를 바탕으로 여성에 대해 논하고 있는데 그 글 속에서 여성은 남성의 시선에 의해 해체되어 분절된 신체로만 존재하고 있다. 여기서 보이는 여성의 신체를 분절하는 경향은 '모던'계 잡지뿐만 아니라 1930년대 모던 문화의 한 특성으로 파악할 수 있다. 이에 대해 신하경은 『모던걸 일본제국과 여성의 국민화』(2009)에서 류탄지 유를 중심으로 한 일본 모더니즘 문학가들과 그 주위의 예술에 여성의 신체를 해부하는 경향이 나타난다고 지적하고 있다. 이처럼 '모던'계 잡지를 비롯하여 다양한 모던 문화 속에서 분절된 신체로 나타나는 여성의 표상은 완전한 하나의 존재로서의 여성과 정신적 존재로서의 여성의 모습을 잊게 만든다.

모던 문화 속 여성을 바라보는 시선은 신체의 분절화라는 특성뿐 아니라 한편으로는 '에로'와도 맞닿아 있다. 소에다 사쓰키(添田さつき)가 쓴 「에로 아사쿠사의 자투리」(『모던풍』 1931.6)는 아사쿠사에서 민요 공연을 하는 극단의 대기실과 매춘이 이루어지는 거리, 그리고 유곽인 요시와라(吉原)를 둘러보고 쓴 기사이다. 이 기사에서 소에다의 눈은 각 장소에서 '에로'와 관련된 일에 종

사하는 여성과 그 생활을 관찰하고 있다. 극단에서는 여배우들에게 온 러브레터를 구경하고 매춘의 거리에서는 매춘부가 "무서운 아저씨의 미행을 경고해 준" 노점 사람에게 답례로 담배를 건네려고 하는 것을 본다. 매춘의 현장에서 본 그 광경을 소에다는 "세상에 둘도 없는 아름다운 장면"으로 여기며 "인간은 종종 가장 더러운 것 중에서 가장 아름다운 것을 발견한다"고 말한다. 소에다는 아사쿠사에서 '에로'를 파는 여성들에게 호기심을 가지고 다가가면서도 그 가운데에서 어떤 종류의 인간미를 발견하고자 한다. 그를 통해 상업화된 '에로'를 단순히 남성의 욕망이 향하는 대상으로서 그리는 것이 아니라 '에로' 산업에 종사하는 여성들의 일상과 삶도 함께 드러내고자 한 것이다.

여성이 바라보는 '에로'를 파는 여성

'모던'계 잡지에서 '에로'를 파는 여성들을 바라보는 것은 남성들의 시선만이 아니었다. '파파'와 '마마'에게 보호받는 따뜻한 가정생활을 하는 여성이 잡지사로부터 의뢰를 받아 남장을 한 채 밤거리로 뛰어드는 하룻밤의 모험을 그린 「남장을 하고 여자가 모르는 세계를 찾아 헤매다(男裝して女の知らない世界を探る)」(『모던 일본』 1936.9)에는 '에로'를 바라보는 여성의 시선이 드러나 있다. 이 기사는 남장한 여성과 안내역을 맡은 남성이 함께 밤거리의 바와 사

그림 16 | 『모던 일본』(1936.9)
「남장을 하고 여자가 모르는 세계를 찾아 헤매다」(좌)와 남장한 글쓴이(우)

창가인 다마노이(タマノヰ), 그리고 카페와 요정까지 돌아다니며 그에 대한 감상을 쓴 글이다. 이 기사를 쓴 다치바나 요시코(立花美子)는 '에로'를 파는 여성들을 보고 혐오감을 드러내는 한편으로 동정심 또한 나타내고 있다.

> 보라, 대로를 좁다는 듯 걸어 다니는 남자들의 얼굴은 고양이 같다. 창문에 서서 흥정하는 남자는 머지않아 히죽거리며 집 안으로 사라진다. 나는 말로 비유할 수도 없는 이 거리의 광경에 죽은 듯이 S 씨를 따라 걷자니 '거기 양복 입은 오빠, 들어오세요' 하는 소리가 나서 뒤돌아봤다. 내 얼굴을 보고 씨익 웃는, 둥근 창문에 서 있던 여자의 얼굴이 옛날부터 이어져 온 요쓰야 괴담(四ツ谷怪談)에 나오는 여주인공 오이와(お岩)와 꼭 닮았다. 나는 남자라는

사실도 잊고서 비명을 지르며 얼굴을 손으로 감쌌다. (중략) "무서운 게 아녜요. 너무나 비참해서 눈물이 나는걸요. 빨리 돌아가요. 왜 남자 옷 따위를 입고 이런 곳에 온 건지 화가 나요"라고 하면서 나는 마치 어린아이처럼 흐느껴 울었다. 도저히 못 할 짓이었다. 공기가 더럽혀져 있었다. 빨리 빠져나가고 싶다, 그리고 차가운 물속에 뛰어들어 이 몸의 더러움을 씻어내고 싶다.[4]

다치바나는 여자를 사기 위해 다마노이의 거리를 걷고 있던 남자들에게도 일종의 거부감을 나타내고 있지만 오히려 '에로'의 소비자인 남성보다는 제공자인 여성을 향해 보다 강한 거부감을 드러내고 있다. 그녀가 '에로'를 파는 여성들에게 느끼는 감정은 '비참함'이며 '더러움'이었다. 그러나 반면에 다치바나는 카페에서 만난 '기미 짱(君ちゃん)'이라는 여급에 대해서는 그와 같은 부정적인 감정을 드러내지 않고 애잔함에 가까운 동정을 보이기도 한다. 당시의 카페는 여자 종업원인 여급들이 성적인 서비스를 제공하는 향락을 위한 장소였는데 똑같이 '에로'를 파는 여성들인데도 사창가인 다마노이의 여성과 카페의 여성을 대하는 태도가 다른 것이다.

'기미 짱'은 좋아하는 사람 사이에서 아이가 생겨 카페의 여급을 하면서 생계를 꾸리고 있던 와중에 동거하고 있던 남자에게 버림받고 아이도 빼앗겨 버렸다. 이런 '기미 짱'을 보고 다치

1930년대 일본, 잡지의 시대와 대중

바나는 "주머니에서 5엔 지폐를 꺼내 기미 짱의 손에" 쥐어 주었다. 다마노이의 여성에 대해서 보인 거부감만큼은 아니었지만 그 전에 만난 여급들에게도 유쾌하지 못한 감정을 느낀 다치바나가 '기미 짱'에게 보인 그러한 행위 이면에는 "아아, 이 사람은 어머니야"라는 인식이 존재한다. 다마노이의 여성과 '기미 짱'을 대하는 다치바나의 태도가 달랐던 것은 적나라한 성적 욕망을 토해내는 장소인 다마노이와 모던 문화의 상징적 존재이자 '에로' 문화의 상징이기도 했던 카페라는 공간적 특성이 달랐기 때문이다. 하지만 공간의 차이보다 더 크게 영향을 미친 것이 바로 '기미 짱'이 사랑과 가정을 지킨다는 대의명분을 가지고 있는 '어머니'라는 사실이다.

앞서 살펴본 소에다는 욕망의 대상으로서 여성을 나타낼 뿐만 아니라 여성들의 삶을 있는 그대로 보여줌으로써 '에로'를 통해 어떤 인간성을 이끌어 내고자 하였다. 자신의 눈으로 직접 본 것을 중심으로 쓴 소에다의 글에는 극단의 여성들도, 가두 매춘을 하는 여성들도 모두 똑같이 객관적인 시선에 의한 관찰 대상으로만 존재한다. 그는 자신의 기준으로 여성들을 비교하면서 어떤 가치판단을 내리지 않았다. 그에 비해 다치바나가 다마노이의 여성과 '기미 짱'에 대해 내보이는 명확한 감정의 차이는 그녀가 여성들을 자신의 판단기준에 따라 구별하고 있음을 보여주고 있다. 이러한 예는 '모던'계 잡지에서 여성을 바라볼 때 남성은 욕망 어린 시선으로 여성을 대상화하고 있지만 여성은 관찰자의 시선에 따라 다른 여성을 판단하고 분류하여 계층화시키고 있다는 사실을 보여준다. 그리고 여성이 여성을 계층화시키는 시선이 사랑과 가정이라는 이데올로기에 바탕을 두고 있다는 사실은 주목할 만하다.

'로맨틱 러브 이데올로기'가 지배하는 여성들의 인식

데이비드 노터(David Notter)는 『순결의 근대(純潔の近代)』(2007)에서 미국 근대가족의 큰 특징인 '사랑─성─결혼의 삼위일체'를 의미하는 '로맨틱 러브 이데올로기' 현상이 일본에서는 도시 중산계급이 등장한 다이쇼 시대부터 보인다고 하였다. 노터에 따르면 근대의 연애는 언뜻 자유분방함을 강조하는 듯이 보이지만 실제로는 '스위트 홈'으로 상징되는 친밀한 가정을 구축하기 위한 전단계로서 존재한 것이었다. 결혼과 가정을 목적으로 하는 연애를 지향하는 '로맨틱 러브 이데올로기'는 특히 일본 여성들 사이에 깊이 침투되었으며 당시 잡지에 실린 각종 좌담회에도 그러한 경향이 드러나 있다.

『모던 일본』에는 「첨단 여성 총 등장 붉은 입술이 다투는 좌담회(尖端女性総登場 紅唇乱扎飛ぶ座談会)」(1935.1)나 「표준형 남성 결정 좌담회(標準型男性決定座談会)」(1935.5), 「예기와 영애 좌담회(芸妓と令嬢座談会)」(1936.3) 등 영애와 '에로'에 관계된 여성들이 섞여 이야기를 나누었던 좌담회가 여럿 실려 있으며 그 내용은 주로 남녀관계나 결혼문제에 집중되어 있었다. 「예기와 영애 좌담회」에서 "가령 영애가 현명한 마담(부인)이 되었다고 치고, 사랑하는 남편이 예기 등을 제2 부인으로 두었다고 하면 어떻게 하겠소"라는 사회자의 질문에 예기인 히데얏코(秀奴)는 "전 바깥양반과는 주위 눈을 신경 쓰지 않고 당당히 산책하러 가지도 못해요. 그런 때에는 본부인이 되어 보고 싶다고도 생각해요"라고 답한다. 영애 스즈키(鈴木)가 그 대답에 대해 "상대방이 그런 생각이 든다는 것만으로도 이쪽이 승리자라고 생각해요"라고 한 말은 사회에 존재하는 영애와 예기의 계층차를 명확히 보여준 것이라고 할 수 있다.

그러나 이 좌담회에서 시종 우위에 서 있던 것은 영애가 아니라 예기 쪽이었다. 좌담회의 주된 주제가 된 남성에 관해서는 예기가 압도적으로 풍부한 경험을 보였고 영애들은 예기의 말을 경청하며 "남편이 화류계에 깊게 빠지지 않게 하기 위해서는 어떻게 하면 좋을까요"라고 조언을 구하고 있다. 이처럼 겉으로 보기에는 사회에서의 계층이 남성에 대한 경험치의 차이에 의해 뒤집힌 것처럼 보인다. 하지만 영애와 예기의 관계를 자세히 살펴보면 '스위트 홈'에 대한 이상을 안고 있는 여성(영애)에 의해 '에로'의 경험이 소비되고 있다는 사실을 알 수 있다. 이 좌담회에서 예기의 존재는 여러 남성과의 경험을 들려줌으로써 독자인 남성이 안고 있는 '에로'의 세계에 대한 욕망을 만족시키는 동시에 함께 이야기를 나누고 있는 '로맨틱 러브 이데올로기'를 꿈꾸는 영애에 의해서도 소비되고 있는 것이다.

'모던'계 잡지에 나타난 예기와 같은 '에로'의 체현자인 여성들은 남성의 욕망과 여성의 욕망이 교차하는 지점에 존재한다. 앞서 살펴본 소에다와 다치바나의 예에서 드러나는 차이도 비슷한 맥락에서 해석할 수 있을 것이다. 욕망의 대상으로 존재하는 여성에게 드러내었던 다치바나의 거부감이 '기미 짱'을 향해서 보이지 않는 이유는 '기미 짱'에게는 스스로 사랑을 선택하여 행복한 가정을 구축하고자 했던, 여성이 공통적으로 가지는 꿈의 좌절이 있었기 때문이다. 여성이 다른 여성을 인식하는 데에는 이처럼 남성의 눈이 닿지 않는 곳에서 '로맨틱 러브 이데올로기'를 둘러싼 여성들 간의 공감과 좌절이 존재하며 그것에 의한 여성의 계층화가 '모던'계 잡지의 지면을 통해 나타나고 있다고 할 수 있다.

'좋은 의미의 모던걸'

모던 문화를 상징하는 모던걸은 시대의 흐름에 따라 그 의미가 변화해 왔는데 '모던'계 잡지에 실린 기사에도 그러한 모던걸의 의미 변화가 나타나 있다. 『모던 일본』 1930년 11월호에 실린 「모던 라이프 좌담회(モダンライフ座談会)」에서 패션 디자이너인 시오자와 사카코(塩沢沙河子)는 "우리가 양장을 하고 시내를 걷고 있으면 대개는 모던걸이라고 하지요. 그게 정말 싫어요"라며 복장만으로 모

던걸이라고 여겨지는 데에 불쾌감을 드러내고 있다. 당시에는 일반적으로 모던걸에게 서양식 옷을 입고 거리로 나와 노는 여성이라는 이미지를 씌웠는데 시오자와는 그러한 인식에 대해 부정적인 견해를 나타내고 있는 것이다. 1930년대 초에 간행된 초기의 『모던 일본』에서는 '좋은 의미의 모던걸'이라는 표현을 자주 볼 수 있는데 이는 시오자와의 말에 나타난 표층적인 의미로서의 모던걸에 반발하는 형태로 등장하고 있다.

시오자와와 함께 「모던 라이프 좌담회」에 참석한 화가 아리시마 이쿠마(有島生馬)는 '좋은 의미의 모던걸'에 대해 "예를 들어 말하자면 자동차도 가지고 있어서 형제나 아버지가 외출할 때 자기가 태워 운전해서 간다고. 연애 따위에는 조금도 관심이 없어. 실생활에 관심이 너무 많기 때문일 테지만, 그런 사람을 진정한 모던이라고 할 거라는 생각이 들어"라고 이야기한다. 기쿠치 간은 아리시마의 의견에 "문화학원의 여학생 같은 경우에는 역시 그런 사람이 많지. 연애 같은 건 관심이 없어. 모던 생활을 받아들이지만 거기에는 멋을 부린다거나 감상적인 부분은 없어. 굉장히 실생활에 맞추어져 있지"라고 답하고 있다. 즉 그들이 말하는 '좋은 의미의 모던걸'이란 겉모습보다는 생활면에서 경제적인 능력과 지성, 행동력 등을 겸비하여 자립한 여성이라고 생각할 수 있다.

이처럼 '좋은 의미의 모던걸'은 세상 일반에서 인식하는 모던걸과는 다르다고 할 수 있는데 소설가 가미쓰카사 쇼켄(上司小劍)은 이와 같은 경향을 '사상적인 모던'과 '풍속적인 모던'이라는 말로 설명하면서 유행하는 복장을 하고 거리를 돌아다니는 사람을 모던걸이라고 부르는 것을 경계하고 있다.[5] 이러한 예에서 보듯 1930년대 초의 『모던 일본』에 모던걸의 진정한 의미를 묻거나 또는 모던걸이라고 불릴 만한 상징적인 인물을 찾는 기획이 많이 보이는 것은 당시 일본에서 모던걸의 의미와 이미지가 흔들리고 있었으며 그를 확립하고자 하는 움직임이 있었다는 사실의 방증이라고 할 수 있다.

1930년대 초에 보이는 모던걸의 두 가지 이미지—사상적인 모던과 풍속적인 모던— 사이의 괴리는 시간이 흐름에 따라 풍속적인 모던으로 기울기 시작한다. 「모던 연애 도덕 좌담회(モダン恋愛道徳座談会)」(『모던 일본』 1933.1)에서 시마 하루코(島春子)는 "하여튼 정말로 세련된 취미, 사고로 온갖 새로운 방향을 만들어가려는 사람들을 모던걸이나 모던보이라고 부르는 건 굴욕적이에요"라고 하면서 사상적인 모던과 풍속적인 모던을 구별한 다음 풍속적인 모던을 추구하는 사람을 모던걸·모던보이로 정의하고 있다. 또 "일반적으로 모던보이, 모던걸이라고 불리는 사람을 보면, 어떤 클래식한 아가씨라도 긴 머리를 단발로 하고 입고 있던 옷을 벗어 던져 패션북 속의 스타일로 변신하지요. 그리고선 남자와 함께 긴자를 걷고 있기만 한다면 모든 이가 모던걸이라고 부르겠지요"라고 이야기를 하고 있다. 이 말에 나타나 있는 것은 본질이 모던하지 못하고 클래식하다고 해도 겉모습이 서양식이라면 모던걸의 이미지에 부합한다는 인식이다. 그리고 이러한 복장의 전형적

이미지와 함께 나타나는 모던걸의 또 다른 이미지는 바로 연애하는 여성이라는 모습이다.

유명한 미용실이던 마야 미용실(マヤ美容室) 원장 마야 가타오카(マヤ・片岡)가 쓴 「봄은 장밋빛(春は薔薇色)」(『모던 도쿄』 1935.3)은 봄을 맞이하여 여성의 패션과 미에 대해 제안하고 있다. "특히 댄스파티 같은 데에서 사랑스러운 그이에게 안길 분은 손끝의 미용에 많은 신경을 써주세요"와 같은 말과 함께 허리선을 강조하거나 입술화장을 하는 법, 향수에 이르기까지 여성의 미용에 관해 쓴 부분은 남성과 접촉이 있다는 것을 전제로 한 설명이다. 또 「여름 모드 에티켓(夏のモオド エチクエット)」(『모던 도쿄』 1936.8)이라는 기사는 "여자는 조금 용감하게 나가야 합니다. 나비를 잔뜩 불러모으고자 한다면 꽃은 될 수 있는 한 예쁘게 피어야 한다는 것은 자연의 법칙입니다"라며 연애 관계를 위해 과감한 패션을 시도할 것을 권하고 있다. 메이지와 다이쇼 시대에 나타난 여성의 양장이 진보적이고 활동적인 모습을 강조하는 것이었다고 한다면 쇼와 초기에 해당하는 1930년대부터는 여성이 입는 옷의 의미와 가치를 연애 관계에서 찾도록 유도하는 미디어의 움직임이 있었던 것을 알 수 있다.

1930년대 '모던'계 잡지에는 여성의 능력 등 내면적인 것에서 발견되었던 '좋은 의미의 모던걸'상이 외적인 측면—겉모습과 행동 양식—이 중시되는 모던걸로 변모해가는 과정이 나타나 있다. 이러한 모던걸의 행동 양식의 변화에서 중요한 부분은 여성의 자립성이라는 것을 어떠한 면으로 평가하고 있는가 하는 점이다. '좋은 의미의 모던걸'이 가지고 있던, 가족을 위해 자기가 운전할 수 있으며 연애 등에는 흥미를 가지지 않는다는 말로 표현된 여성의 자립성은 풍속적인 모던으로 변화하면서 서구적인 복장과 자유로운 연애에 대한 여성의 적극성으로 바뀌었다고 할 수 있다.

'모던'계 잡지에 나타난 여성 문학자

이제까지 살펴본 대로 '모던'계 잡지에 나타난 여성에 대한 인식은 복잡하게 얽혀있다. 우리가 모던걸이라는 하나의 이름으로 묶어서 불러온 여성들 가운데에는 욕망의 대상이 된 여성이 있었으며 또 그러한 여성들을 관찰하는 여성들도 있었다. 계층화된 구도에 의해 여성이 여성을 소비하는 행위가 이루어지는 가운데 주체가 되어 잡지 미디어에 직접 스스로의 말을 발신할 수 있던 여성 문학자들은 무엇을 보고 무엇을 말하고 있었을까.

'모던'계 잡지 가운데 여성 문학자들의 이름이 가장 많이 등장한 잡지는 『모던 일본』이다. 『모던 일본』은 1930년 10월에 창간된 이래로 여성 문학자를 대상으로 앙케이트를 실시하거나 여성 문학자들이 쓴 짧은 수필이나 기사 같은 읽을거리를 거의 매호마다 싣고 있다. 그러나 여성 문학자들에 의한 소설, 콩트 같은 문학 작품이 지면에 등장하는 것은 굉장히 드문 일이었다.

마해송이 편집장으로 취임하기 전에는 다와라야 슈코(俵谷周子)의 콩트 「복수(復讐)」(1931.10)와 우노 지요(宇野千代)의 「초여름의 하루=5월의 추억=(初夏の一日＝五月の思ひ出＝)」(1931.11)이 게재된 것이 여성 문학자가 쓴 문학작품의 전부였다. 1932년 2월에 편집장이 마해송으로 바뀌고 나서는 1933년 2월호에 실린 「신인 콩트집 사랑의 풍경(新人コント集 恋のおけしき)」에 게재된 스기타 지요노(杉田千代乃)의 「취하지 않은 남자(素面の男)」가 첫 작품이며, 콩트가 아닌 소설로는 같은 해 9월호에 게재된 하야시 후미코(林芙美子)의 「파리의 술책(巴里の術策)」을 처음으로 꼽을 수 있다. 그 이후『모던 일본』에 보이는 여성 문학자의 문학작품을 보면 1933년에 2편(스기타 지요노와 하야시 후미코의 작품)이 게재되었고 그 다음 해에도 여성 문학자의 작품은 2편(하야시 후미코와 히사야마 히데코(久山秀子)) 정도밖에 없다.

『모던 일본』이 잡지에 매호 연재소설을 여러 편 실으면서도 단편 소설을 매월 3편에서 5편은 실었다는 점을 생각해 보면 여성 문학자에 의한 작품은 너무나도 적다는 것을 알 수 있다. 또 여성 문학자에 의한 연재소설이 창간부터『신태양』으로 이름이 바뀌기까지 13년간 한 편도 없었다는 사실에서『모던 일본』이 여성 문학자를 여성의 한 유형으로 파악하고 있을 뿐 문학을 창작하는 생산적 존재로 받아들인 것은 아니었다고 짐작할 수 있다. 여성 문학자가 자주 등장하는 수필 코너나 앙케이트, 좌담회 등에는 여성 문학자뿐 아니라 여배우나 무용가, 음악가 등 다양한 직업을 가진 여성들의 참여가 두드러지게 보인다는 사실은 위와 같은 추측을 뒷받침해준다고 할 수 있다. 즉 여성 문학자는 작품이라는 문학자로서의 성과가 아니라 문학자라는 직업을 가진 여성으로 수용되었다고 말할 수 있을 것이다.

이와 같은 현상은 『모던 일본』만 아니라 다른 '모던'계 잡지에서도 공통적으로 보인다. 『모던 일본』 이외의 '모던'계 잡지 중에서 가장 문학의 비중이 높았던 것은 일본 모더니즘 문학의 대표적인 유파인 신흥예술파(新興芸術派) 작가들이 주도하여 간행한 『모던 라이프』라고 할 수 있다. 『모던 라이프』에 실린 작품을 살펴보면 창간호와 그 다음 호에 여성 문학자가 쓴 문학작품은 보이지 않는다. 또 여성 문학자가 쓴 글 역시 하야시 후미코의 「명사 초상화 촌평(名士似顔短評)」(1933.4) 하나밖에 게재되지 않았다는 사실은 『모던 라이프』가 가지는 남성편향적인 성격을 보여주고 있다.[6]

여기서 주의 깊게 볼 만한 점은 필자 구성 및 편집자가 『모던 라이프』와 대부분 겹치는 신흥예술파의 동인잡지 『근대생활(近代生活)』(1929-1932)에는 매호마다 적어도 1명 또는 2명의 여성 문학자가 자신의 작품을 싣고 있었다는 사실이다. 두 잡지는 같은 유파의 문학자들이 주축이 되었다는 점에서 공통되지만 대중잡지와 동인잡지라는 차이점이 있다. 이러한 잡지의 성격을 고려하면서 여성 문학자의 작품 비율에 대해 생각해 보면, 신흥예술파에 의한 잡지 미디어는 문학 동인들끼리 소비하는 잡지에서 대중을 대상으로 모던 문화를 전하는 잡지가 되면서 창작자로서의 여성은 희미해지고 이전보다 더 남성권력중심으로 변화하였다고 할 수 있을 것이다.

그 외의 '모던'계 잡지 중 정보제공 기사가 많고 문학적인 요소는 옅은 『모던 도쿄』에는 여성 기자나 다른 분야의 여성 전문가가 쓴 글이 눈에 많이 띈다. 그렇지만 여성 문학자가 쓴 글은 기타무라 시즈에(北村静江)의 콩트 「당신이라고 부르면(あなたと呼べば)」(1936.6)이 유일하다. 『모던풍』도 사정은 비슷한데 여성 문학자의 이름이 보이는 것은 하야시 후미코의 「5월의 수심(五月の愁思)」(수필, 1931.6)뿐이며 '모던'계 잡지 가운데 가장 먼저 간행된 『모던』에도 하세가와 시구레(長谷川時雨)(「에지마 이쿠시마(江島生島)」, 1927.11)의 이름만이 지면에 등장하는 등 여성 문학자의 작품이 거의 등장하지 않는 것은 '모던'계 잡지를 통틀어 비슷한 상황이다.

그러나 그러한 가운데에서도 주로 남성의 관점으로 여성을 대상화했던 '모던'계 잡지에서 여성 문학자들은 그 수는 적지만 스스로의 말로 발언을 이어가고 있었다. '모던'계 잡지에 실린 여성 문학자의 글은 크게 수필과 콩트, 소설로 나눌 수 있다. 우선 『모던 일본』에 게재된 여성 문학자의 수필 내용을 살펴보면, 외출했을 때 발견한 봉선화 모종을 집에 가져와 꽃이 필 때까지 키운 일화를 그린 이마이 구니코(今井邦子)의 「봉선화(鳳仙花)」(1936.7)나 애정이 있던 사람이 먼저 세상을 떠나거나 애착을 가진 물건을 잃어버렸을 때의 쓸쓸함에 대해 쓴 후카오 스마코(深尾須磨子)의 「마

음의 분실물(心の落し物)」(1938.4) 등 일상에서 느끼는 작가의 감상을 그린 것이 눈에 띈다.

이와 같은 일상을 그린 글이 여성 문학자가 쓴 수필의 대부분을 차지하는 가운데 사회를 향해 목소리를 내고자 한 것이 요시야 노부코(吉屋信子)의 수필이다. 요시야 노부코는 연극을 보러 간 극장에서 극장 측이 관객에게 취한 태도에 불쾌감을 느꼈던 일을 써서 극장 시스템에 대해 문제를 제기하거나(「극장의 관객 학대(劇場の観客虐待)」 1934.6) 여성 마술사 쇼쿄쿠사이 덴카쓰(松旭斎天勝)가 일본 사회에 미친 영향과 그녀의 행적을 평가한 「쇼쿄쿠사이 덴카쓰 여사(松旭斎天勝女史)」(1933.7) 등을 수필 코너에 발표하였다. 이외에도 비슷한 계통의 글로 당시 연극계의 상황에 대해 이야기한 고데라 기쿠코(小寺菊子)의 「흐뭇한 것(ほゝゑましきもの)」(1935.2)을 들 수 있다.

『모던 일본』에 실린 여성 문학자가 쓴 수필에 보이는 특색 중 하나는 당시 유행하던 모던 문화는 거의 언급하지 않았다는 점이다. 도시문화나 모던걸 등이 등장하지 않는 여성 문학자의 수필은 모던 일색으로 장식된 잡지에서 이색적인 존재였으며 그 차이는 모던 문화를 그리고 있던 다른 수필과 비교해 봐도 명확히 보인다. 수필 코너에서 여성들이 경험한 모던 문화는 여성 문학자가 아닌 다른 분야의 여성들이 쓴 글을 통해 나타난다. 예를 들면 모던 경험 가운데 많이 언급되는 것 중 하나인 서양 경험은 화가인 하세가와 하루코(長谷川春子)가 영국에 건너갔을 때 배 안에서

겪은 일을 쓴 「영국 배 안(イギリス船中)」(1933.11)에 나타나 있다. 또 성악가인 히라이 미나코(平井美奈子)는 「춘희(椿姫)」(1934.4)에서 현모양처로 길러진 자신이 다른 여성과 만나면서 "여러 의미로 새로운 시대를 알아가는 공부"를 한 일에 대해 이야기하고 있다.

여성 문학자 가운데 모던 문화 경험과 관련된 글을 쓴 사람으로는 하야시 후미코가 있다. 그녀는 파리에 머무르고 있었을 때 바에서 술을 마시며 외로움을 달랜 경험을 「성냥과 술에 부쳐(燐寸と酒に寄せて)」(1933.3)라는 수필을 통해 쓰고 있다. 또 「다락방 삼매경(屋根裏三昧)」(1932.9)에서는 파리에서 살았던 집에 대해 글을 썼다. 파리에서의 경험은 하야시 후미코 글에 반복해서 나타나는 소재인데 『모던풍』에 실린 「5월의 수심」에는 외로움과 바쁜 일에서 벗어나 파리로 여행을 가고 싶다는 심경이 여실히 나타나 있다.

'로맨틱 러브 이데올로기'와 여성의 규범화

수필을 통해 본 여성 문학자들의 작풍은 시류에 부합하는 것을 쓴다기보다는 자신의 일상에 대해 소박하게 글을 썼다고 할 수 있을 것이다. 소비와 향락의 문화에서 전시 체제로 이행해 가는 격동기인 1930년대를 살면서도 여성 문학자들의 글에는 그와 같은 시대에 대한 반발도 순응도 보이지 않으며 한 개인의 세계만이 존재할 뿐이다. 하지만 여성 문학자들의 수필에 나타난 이 같은 경향은 소설과 콩트에서는 조금 다른 모습을 보인다.

『모던 도쿄』 1936년 6월호에는 「훈풍 콩트(薫風コント)」라는 특집이 꾸려져 있는데 이 특집에는 「상륙(上陸)」(후쿠다 기요토(福田清人)), 「아가씨의 사랑(お嬢さんの恋)」(가나야 간지(金谷完治)), 「철없는 장난(心なき戯れ)」(오모리 기요시(大森清)), 「당신이라고 부르면」(기타무라 시즈에)까지 네 편의 작품이 수록되어 있다. 이 특집에 실린 남성 문학자의 작품은, 항해 중에 일본에 들러 "호색한 하우스(Sukebei house)"를 찾는 노르웨이 선원들과 일본인 남성의 우연한 만남(「상륙」)이나 남쪽의 온천장에서 만난 남성의 구애를 사소한 오해로 거절하는 여성(「철없는 농담」) 등 자유분방한 모던 문화를 느낄 수 있는 글이다.

그러나 그와 대조적으로 유일한 여성 문학자의 작품인 「당신이라고 부르면」에는 집에 놀러 온 이웃집 아이에게 "카스테라"와 "홍차"를 대접하고 아이의 노래를 들으며 즐거운 한때를 보내는 부부가 그려져 있다. 이 작품을 쓴 기타무라 시즈에는 남성 문학자의 작품에는 나타나지 않는 가정을 가지고 모던 생활을 그려내고 있으며, 또 그 가정이 행복의 상징으로 표현되었다는 점은 주목할 만하다. 「훈풍 콩트」에 실린 남성 문학자들의 작품은 영문을 알 수 없는, 즉 '난센스'적인 면을 강조하거나 연애나 바를 묘사하며 '에로'의 분위기를 자아내는 방식으로 모던을 표현해 내었다. 그에 비해 기타무라 시즈에는 "카스테라"와 "홍차", 그리고 아이가 부르는 유행가를 통해 모던적인 분위기를 표현하고 있으며 그

1930년대 일본, 잡지의 시대와 대중

러한 요소들은 행복한 가정, 즉 '스위트 홈'의 이미지와 이어져 있다. 모던이 '로맨틱 러브 이데올로기'와 결합한 형태로 나타나는 것이다.

여성 문학자들의 소설에 '로맨틱 러브 이데올로기'의 경향이 보인다는 점은『모던 일본』에 실린 소설에서도 지적할 수 있다. 물론『모던 일본』에 실린 모든 여성 문학자들의 작품이 그러하다고는 할 수 없다. 예를 들어 하야시 후미코의 「파리의 술책」에는 파리에 살고 있는 요시노(吉野)라는 젊은 일본인 남성이 생활에 지쳐 극단적인 선택을 하려고 한 50대의 독일인 부인을 만나 내연 관계를 맺게 되는 이야기가 그려져 있다. 하지만 결국에 두 사람은 헤어져 독일인 부인이 세느 강에 몸을 던지게 되지만 겨우 구조되어 목숨을 건진다는 내용으로 끝이 난다. 또 오쿠라 데루코(大倉燁子)의 「심야의 손님(深夜の客)」(1938.12)은 살인사건에 휘말린 여탐정이 사건을 해결하는 내용으로 이 작품 또한 '로멘틱 러브 이데올로기'와는 상관없는 내용이다.

이처럼 여성 문학자들 전부가 '로맨틱 러브 이데올로기'의 영향을 받아 작품을 썼다고 할 수는 없다. 그렇지만 여성 문학자라는 집단을 전체적으로 보면 '로맨틱 러브 이데올로기'가 강력한 장치로 기능하고 있었다고 할 수 있다.『모던 일본』1938년 6월호에 기획된 「여류 작가 콩트 특집(女流作家コント特集)」은 여성 문학자가 쓴 작품이 적은 가운데 여성 문학자가 중심이 된 드문 특집 중 하나이다. 여기에 참가한 여덟 명의 작가와 작품명을 언급하면 다음과 같다.

구보카와 이네코(窪川稻子) 「꽃의 매혹(花の魅惑)」

나카마치 사다코(仲町貞子) 「오라버니에게(兄さんへ)」

후카오 스마코 「고풍스러운 이야기(古風な話)」

모리 미치요(森三千代) 「행복한 부인(幸福な奧さま)」

마스기 시즈에(眞杉靜枝) 「신가정 메모(新家庭メモ)」

오타 요코(大田洋子) 「여자는 미쳤다(女は狂ひぬ)」

조 나쓰코(城夏子) 「보리밭에서(麥畑にて)」

마쓰다 도키코(松田解子) 「꽃향기(花の匂ひ)」

이 여덟 작품의 내용은 가정 속의 여성에 초점이 맞추어진 것이 많은데 여기에서 짤막하게나마 각 콩트의 내용을 소개해 두고자 한다.

「꽃의 매혹」은 "근래 들어 다투었던" 연인이 꽃을 보내 기뻐하지만 실은 잘못 배달된 꽃이었다는 내용이며, 「오라버니에게」는 전쟁터에 나간 오빠에게 "가족은 걱정하지 말고 열심히 나라를 위해 일해달라"고 말하는 편지 형식의 콩트이다. 또 「고풍스러운 이야기」는 "공상을 좋아하고 시대에 조금 뒤처진 아름다운 아가씨"가 좋아하는 건지 싫어하는 건지 판단이 서지 않았던 구혼자에 대한 애정을 깨닫고 결혼을 결심하는 이야기이며, 「행복한 부인」은 식민지에 부임한 지인이 보내온 자랑 섞인 편지와 그에 대한 응답을 그리고 있다. 「신가정 메모」는 달에 한 번 부부의 윤리로부터 해방되는 날을 정한 부부가 혼자서 쓸쓸한 하루를 보내고 집에 돌아와 서로 허세를 부리며 거짓말하는 광경을 그리고 있으며, 「여자는 미쳤다」는 죽은 언니의 남편에게서 청혼 받은 처제가 미쳐서 정신을 놓은 형부의 옛 연인을 목격하는 이야기이다. 「보리밭에서」는 도모코(智子)에게 혼담이 있을 때마다 아버지 친구의 아들인 요헤이(陽平)가 상경해서 의도치 않게 혼담을 망치기를 반복하는 와중에 요헤이를 결혼 상대로서 의식하게 되는 이야기를 그리고 있다. 마지막으로 「꽃향기」는 혼자서 아이를 키우는 여성들이 서로를 격려하는 이야기이다.

여덟 편의 콩트 중에서 결혼이나 가정 속의 여성이 등장하지 않는 것은 연애 관계에 있는 남녀를 그린 「꽃의 매혹」뿐이다. 그 외의 작품은 가정을 형성하는 과정에 있는 여성, 즉 결혼의 전단계인 혼담이나 구혼에 대한 여성의 심리를 그린 작품(「고풍스러운 이야기」, 「여자는 미쳤다」, 「보리밭에서」)과 가정 내의 여성과 그 역할에 대해 그린 작품(「오라버니에게」, 「행복한 부인」, 「신가정 메모」, 「꽃향기」)으로 나눌 수 있다. 이 작품들에서 결혼은 "독신이 좋다고 했던 시기도 있었지만 그건 비뚤어진 생각이며 억지라는 걸 절실히 알게 되었습니다"(「행복한 부인」)라는 말로 장려되고 있으며, 여성 등장인물들은 모두 사랑과 연애의 종착점으로 일컬어지는 결혼을 바라고 있다. 그리고 그러한 결혼을 거쳐 형성된 가정은 생활의 중심이 되어 가족 구성원들의 친밀감을 바탕으로 성립된 행복한 '스위트 홈'으로 그려져 있다.

그러나 「여류 작가 콩트 특집」에 나타난 가정은 '스위트 홈'으로 그려져 있는 한편으로 무언가가 결여된 형태로 등장하고 있다고도 할 수 있다. 「오라버니에게」와 「꽃향기」에는 남성이 부재한 가정이 등장하는데 「오라버니에게」에서는 전장에 나간 오빠가, 「꽃향기」에서는 남편이 가정을 비우고 있다. 「꽃향기」는 작품 속에서 남편이 부재한 이유에 대해서 명확히 적혀 있지는 않지만 아내가 부재중인 남편의 사진 앞에 꽃을 올리는 장면이 나온다. 사진 앞에 꽃을 올린다는 것은 일본에서 전쟁에 출정 나간 사람을 위한 행위로 인지되기에 이를 통해 남편이 출정한 상태임을 추측할 수 있다. 여기서 "이 꽃을 상에 올리고" "에미코(えみ子)의 아버지의 사진을 놓고, 그리고 당신의 그 사람의 사진도 같이 놓아두고 에미코와 셋이서" 식사를 하려고 하는 여성들의 모습은 전쟁으로 남편이 자리를 비운 가정을 지키려는 여성의 표상으로 그려져 있다.

「여류 작가 콩트 특집」이 『모던 일본』에 실린 것은 1938년 6월이다. 이 시기는 일본이 전시 체제로 들어섬에 따라 『모던 일본』이 편집체제를 바꾸려고 하던 시기였다. 같은 호에는 「총 전쟁 하의 일본 좌담회(総体戦争下の日本座談会)」나 「싱가포르까지(シンガポールまで)」 등의 기사가 실렸으며 소설에서도 해군 중좌(中佐)인 마쓰시마 게이조(松島慶三)가 쓴 전쟁소설 「전쟁에 서다(戦火に立つ)」가 수록되는 등 『모던 일본』은 대중에게 전쟁을 지원할 것

을 장려하는 체제로 전환되었다고 할 수 있다. 그 가운데에서 「여류 작가 콩트 특집」은 가정을 꾸리는 것에 전념하는 여성과 남성이 부재한 가정을 지켜내는 여성을 그림으로써 여성의 꿈이기도 했던 '로맨틱 러브 이데올로기'에 따른 연애와 결혼의 문제를 전시 체제로까지 연결시키고 있는 것이다. 그리고 그러한 역할을 주도해서 담당하고 있었던 것이 바로 여성 문학자들이었다고 할 수 있다.

『모던 일본』 1942년 4월호에는 구보카와 이네코의 「향이 퍼지다(香に匂ふ)」라는 단편 소설이 실려 있다. 전시하에서 전쟁을 용인하고 선전했다고 하여 전쟁이 끝난 후에 그 책임을 추궁당한

그림 17 | 『모던 일본』 「향이 퍼지다」 삽화(1942.4)

작가 가운데 한 사람이었던 구보카와 이네코(나중에 사타 이네코(佐多稲子)로 성이 바뀜)는 전시 중에 쓴 작품 일부를 자신의 전집에 싣는 것을 거부하였는데 「향이 퍼지다」도 그중 하나이다.

「향이 퍼지다」는 출정한 남편 소이치로(宗一朗)를 위해 매일 제단에 공물을 올리는 히로코(ひろ子)와 소이치로의 친구 미즈사와(水澤)에게 마음이 있는 히로코의 친구 미치코(みち子)의 이야기이다. 이 작품에서 히로코는 자리를 비운 남편을 위해 매일 빠뜨리지 않고 공물을 바쳐 무사하기를 기원하는 규범적인 아내로, 그리고 미치코는 미즈사와가 출정을 앞두고 있음에도 불구하고 그와 결혼할 것을 결심하는 용기 있는 여성으로 그려져 있다.

「향이 퍼지다」는 '로맨틱 러브 이데올로기'와 전쟁터에 남편을 보낸 여성들의 헌신적인 생활을 연결함으로써 전시하에서 여성들이 사랑하는 남편과 가정을 지키는 것이 곧 나라를 지키는 것이라는 사실을 역설하고 있다. 즉, 전시하에서 '로맨틱 러브 이데올로기'는 여성에게 사랑과 가정을 위해 마음으로 전쟁을 지지하며 전시하 체제를 버텨내야 한다는 동기를 부여함으로써 여성을 규범화하는 강력한 장치로 기능했다고 할 수 있다.

제5장

'모던'계 잡지로 보는
1930년대 일본 지역사회의 대중문화[1]

지역사회를 중심으로 간행된 '모던'계 잡지

　　일본의 '모던'계 잡지는 모던 문화를 다루면서도 다양한 장르를 포함하고 있었다. 대부분의 '모던'계 잡지가 대중이 흥미 있을 만한 내용을 모은 오락잡지에 가까운 성격을 보였지만 사교댄스를 중심으로 한 잡지인 『모던 댄스』나 스포츠 기사 위주의 잡지였던 『모던 스포츠』와 같이 모던 문화의 특정 장르에 특화된 모습을 보이는 잡지도 있었다. 하지만 '모던'계 잡지에서 가장 눈길을 끄는 것은 지역사회를 중심으로 간행된 잡지가 많았다는 사실이다.

　　지역에서 간행된 '모던'계 잡지는 대부분 잡지 이름에 '모던'이라는 말 뒤에 지역명이 붙어 있었다. 그러한 이름을 가지는 '모던'계 잡지로는 『모던 가나자와』 『모던 하카타 독본』 『모던 만주』 『모던 도쿄』 『모던 요코하마』를 들 수 있다. 또 그 외에 제목에 지역명이 들어가지는 않지만 오사카 지역에서 간행된 『모던 매거진』 역시 지역에서 간행된 '모던'계 잡지이다. 이처럼 지방에서 간행된 '모던'계 잡지는 현재 확인된 '모던'계 잡지 18종 가운데 6종으로 적지 않은 비율을 차지하고 있다.

'모던'계 잡지를 간행한 지역은 수도인 도쿄부터 대도시 오사카, 개항지 요코하마, 지방인 가나자와와 하카타, 실질적으로 일본이 지배했던 만주 등으로 지역의 규모와 특성이 다양했다. 당시 발행 부수를 살펴보면 『모던 요코하마』 창간호(1936.1)는 3,100부를 발행하였다. 이는 중앙의 종합잡지였던 『중앙공론(中央公論)』(1937-1938, 70,000-80,000부)이나 『문예춘추』(1936-1938, 96,000-130,000부), 부인잡지인 『부인공론(婦人公論)』(1937-1938, 165,000-170,000부) 등과 비교하면 아주 적은 부수에 해당한다.[2] 또 발행처 등이 해당 지역에 존재하는 경우가 많아 출판과 유통이 지역을 중심으로 한정적으로 이루어졌음을 짐작할 수 있으며 내용도 지역 사정에 관한 것이 많아 주로 간행된 지역의 독자들에게 읽혔을 것으로 추정된다.

이제까지 일본의 모던 문화는 수도인 도쿄를 중심으로 언급되었으며 간혹 오사카 등 다른 대도시에서 유행한 모던 문화가 드물게 등장하는 정도였다. 하지만 위에서 살펴본 대로 규모와 특성이 다른 여러 지역에서 간행된 '모던'계 잡지는 1930년대 일본의 다양한 지역의 모던 문화에 대해 살펴볼 기회를 제공한다는 점에서 주목할 만하다고 할 수 있다.

이미 앞에서도 몇 차례 언급하였듯이 '모던'계 잡지는 『모던 일본』을 제외하고는 실물을 확인하기 힘든 경우가 많다. 지방에서 간행된 '모던'계 잡지 총 6종 가운데 『모던 하카타 독본』을 제외한 나머지 5종(『모던 가나자와』『모던 만주』『모던 도쿄』『모던 요코하마,『모던 매거진』)은 실제 잡지를 확인할 수 있다. 그런데 그 중『모던 도쿄』와『모던 요코하마』,『모던 매거진』은 공공도서관에 소장되어 있지만『모던 가나자와』와『모던 만주』의 경우는 지금도 개인이 소장한 잡지로 실물을 확인할 수 있으며 일반에는 공개가 되어있지 않은 상황이다.

실물을 확인할 수 있는 5종의 잡지 가운데 다른 잡지와는 다른 특이한 위치를 점하고 있는 것이『모던 만주』라고 할 수 있다.『모던 만주』는 모던만주사(モダン満州社)가 1932년부터 만주 현지에서 출판한 잡지로 일본어로 되어있는 것으로 보아 일본인 또는 일본어를 할 수 있는 사람을 독자로 상정하였다고 할 수 있다.『모던 만주』를 제국 일본이라는 큰 틀 안에서 다른 '모던'계 잡지와 비교해 살펴보는 것은 의미가 있는 일이지만 1930년대 일본 지역사회의 대중문화 양상을 살펴본다는 관점에서 만주를 일본 본토의 지역사회와 동일선상에 두고 비교하는 것은 무리가 있다고 여겨진다.

따라서 여기에서는 지역에서 간행된 '모던'계 잡지 가운데 잡지 제목에 지역명을 내세우며 지역색을 뚜렷이 강조하고 있는 세 잡지『모던 가나자와』『모던 도쿄』『모던 요코하마』를 통해 일본 지역사회의 모던 문화 및 대중문화의 양상에 대해 살펴보고자 한다.

젊은 여성을 독자로 설정한 가벼운 읽을거리
『모던 도쿄』

『모던 도쿄』는 잡지 이름에 당시 일본 모던 문화의 중심이었다고 할 수 있는 제국의 수도 도쿄를 전면에 내세우고는 있지만 당시 전국적으로 유통되던 '모던'계 잡지의 대표격은 『모던 일본』이었다. 『모던 일본』이 일본 전역을 대상으로 몇 만 부에서 인기가 한창 좋을 때는 몇 십만 부 단위로 활발하게 간행되었다. 이에 비해 『모던 도쿄』는 전국적으로 널리 유통되지는 않았던 중소 규모의 잡지라는 점에서 전국잡지라고 하기보다는 도쿄라는 지역사회를 중심으로 한 잡지라고 여겨진다.

『모던 도쿄』가 언제 창간되었는지에 대해서는 창간호의 실물이 확인되지 않아 명확하게 이야기할 수 없는 상태이다. 현재 남아있는 잡지의 권호 정보로는 1934년에 창간된 것으로 추정할 수 있으나 『출판연감 1932년판(出版年鑑 昭和7年版)』(東京堂)에서 이미 『모던 도쿄』가 출판된 사실이 확인되는 등 창간 시기에 관해 정확한 정보를 파악하기 힘든 상황이다. 또 1932년에 간행기록이 남아있는 『모던 도쿄』와 잡지의 실물이 남아있는 『모던 도쿄』는 모두 모던도쿄사(モダン東京社)에서 간행되었지만 두 출판사의 주소가 다르기 때문에 이름만 같은 다른 잡지일 가능성도 배제할 수는 없다.

[표 2]는 지역에서 간행된 세 '모던'계 잡지의 창간 연도 및

페이지 수, 가격 등을 비교한 것이다. 이를 보면 『모던 도쿄』는 20-30페이지 정도의 분량에 10전 또는 15전으로 가격이 형성되어 있었다.(1935.3, 1936.6, 8, 10) 1931년 창간의 『모던 가나자와』가 20전, 1936년 창간의 『모던 요코하마』가 15전이었으니 단순히 가격만을 놓고 보면 『모던 도쿄』가 가장 저렴했다고 할 수 있다. 그러나 『모던 가나자와』와 『모던 요코하마』가 각각 90페이지, 45페이지의 구성이었으며 비슷한 시기에 『모던 일본』이 90페이지에 15전(1932.3), 특대호나 특집호의 경우 130-150페이지에 30전(1935.12) 정도였다. 이러한 당시 상황을 감안하면 페이지 구성에 대비해서는 『모던 도쿄』가 고가의 잡지였다고 할 수 있을 것이다.

표 2 | '모던'계 잡지의 창간 연도 및 페이지 수와 가격

	『모던 일본』	『모던 가나자와』	『모던 도쿄』	『모던 요코하마』
창간 연도	1930	1931	1932 or 1934	1936
페이지 수	(1932.3) 90 (1935.12) 139	90	20-30	45
가격	(1932.3) 15 (1935.12) 30	20	10-15	15

현재 실물을 확인할 수 있는 『모던 도쿄』는 일본근대문학관(日本近代文学館)에 소장되어 있는 1935년 3월호, 1936년 6, 8, 10월호의 네 권이다. 이 네 권을 중심으로 잡지의 내용을 전체적으로 살펴보면 읽을거리의 장르는 소설이나 콩트, 기사류(취재기사 및 가십 등), 좌담회가 주를 이루고 있다. 또 편집일기나 독자투고란은

판권 바로 위에 한두 문단 정도로 짧게 수록되어 있거나 그다지 활성화되어 있지 않은 것을 알 수 있다.

간행 순서에 맞춰 순차적으로 살펴보면 1935년 3월호는 적은 페이지에도 불구하고 스포츠, 백화점, 영화, 가십, 식도락 등 다양한 장르와 다양한 읽을거리가 실렸다. 하지만 호를 거듭하면서 읽을거리의 수는 비슷하게 유지되었지만 패턴이 고정되어 비슷한 종류의 기사가 반복되는 것을 발견할 수 있다. 1936년 6월호는 콩트를 중심으로 한 읽을거리의 특집호로 구성되어 있으며 그 후에 발간된 8월, 10월호에도 가볍게 읽을 수 있는 소설이나 콩트류가 많이 수록되었다. 수록된 작품의 예를 보면 그 당시 유행하던 모더니즘 문학의 대표작가 류탄지 유의 작품인 「부인은 바나나를 좋아해(ご婦人はばなゝがお好き)」(1936.6)가 실려 있으며, 주로 「아가씨의 사랑(お嬢さんの恋)」(1936.6)이나 「임신(妊娠)」(1936.10)처럼 젊은 미혼여성이나 주부를 대상으로 한 작품이 많았다.

『모던 도쿄』가 잡지의 독자층을 젊은 여성으로 설정했다는 것은 소설과 콩트 같은 읽을거리의 내용에서뿐만 아니라 잡지 전체의 분위기를 통해서도 알 수 있다. 『모던 도쿄』에서 가장 중점을 두고 있는 것은 각 계절감에 맞는 화장법이나 패션, 에티켓 등이며 이 기사들은 모두 여성을 타깃으로 삼고 있다. 예를 들면 1935년 3월호에는 「봄·멋을 내요(春·おしゃれをしませう)」라는 특집기획을 냈는데 이 기획에서는 봄에 알맞은 차림과 화장을 전하였다. 또 여름에는 「여름 모드 에티켓」(1936.8)처럼 여름 분위기에 맞는

여성의 미를 주제로 한 기획기사가 실려 있다. 이러한 기사를 패션계 인사나 유명 미용실 원장 등 그 당시 업계에서 유명했던 사람이 직접 집필하였다는 점에서도 유행에 민감한 여성들에게 어필하고자 한 의도를 엿볼 수 있다.

이러한 사례를 통해 『모던 도쿄』는 젊은 여성을 대상으로 하여 모던 문화를 다루면서도 계절감과 패션 및 미용의 유행에 민감하게 반응하고 있었다는 사실을 알 수 있다. 그리고 그러한 독자층과 분위기는 아래 [그림 18]에 보이는 잡지 앞·뒷표지에서도 관찰할 수 있다. 『모던 도쿄』의 앞표지는 모두 공통적으로 클로즈업한 여성의 얼굴에 컬러풀한 색상을 매치하고 있으며 뒷표지는 시세이도(資生堂)의 화장품 또는 향수 광고로 채워져 있었다. 표지의 구성에서부터 젊은 여성층을 독자층으로 설정하고 있음이 드

그림 18 | 『모던 도쿄』 앞·뒷표지(1935.3)

러나는 것이다.

『모던 도쿄』의 또 다른 특징 가운데 하나는 46배판에 페이지가 적은 데도 많은 코너가 기획되어 있어 읽을거리가 대부분 한 페이지를 넘지 않았다는 점이다. 특히 위에서도 언급한 특집기획「봄·멋을 내요」의 경우도 봄에 대한 각기 다른 주제를 언급한 세 명의 필자의 글이 모여서 한 페이지를 채우는 구성으로 되어있다. 이와 같은 구성은 몇 페이지에 걸친 긴 호흡으로 한 주제를 다루며 다양한 정보나 지식을 전달하는 다른 '모던'계 잡지와 구별되는 특징이다. 즉 『모던 도쿄』는 계절과 유행에 민감한 정보가 압축적으로 전달되어 빠르게 읽히고 소비되는 패턴으로 잡지가 꾸려졌다고 할 수 있다.

『모던 도쿄』에 실린 글을 전체적으로 봤을 때 드러나는 내용적인 특징으로는 패션, 연애, 스포츠, 연예, 가십, 유행 등에 관한 것이 많다는 점을 들 수 있으며 짧고 재미있는 콩트도 많이 실렸다. 철저하게 흥미위주로 소비되는 킬링타임용 읽을거리들이 잡지의 거의 대부분을 차지하고 있던 것이다. 또 도쿄에 관련된 내용으로는 긴자와 신주쿠, 시부야(渋谷)를 소개한 「이 거리·저 거리(あの街·この街)」(1936.10)처럼 주로 도쿄의 번화가를 중심으로 다룬 글이 실렸다. 하지만 비율적으로 보면 잡지 한 호 당 한두 기사만이 도쿄에 관한 것으로 아주 적은 비중을 차지하고 있었다.

이와 같은 특징을 종합해 보면 『모던 도쿄』는 전체적으로 간편하고 가볍게 읽을 수 있는 구성과 양으로 이루어져 있다는 점에서 유행에 민감한 독자가 빠르게 정보를 취하거나 가벼운 오락물로써 즐길 수 있는 형태였다. 특히 젊은 여성 독자들이 가볍게 접근할 수 있는 현대의 패션잡지와 같은 구성을 갖추고 있었다고 할 수 있다. 하지만 도쿄라는 지역사회를 중심으로 다룬 기사는 많지 않아 지역적 특색이나 지역의 이미지가 두드러지게 표현되지는 않았다는 것을 알 수 있다.

가나자와의 대중문화를 다루면서도 중앙을 의식한 『모던 가나자와』

특정한 독자층이 설정되어 있었다고 하더라도 유행에 민감한 대중의 취향을 고려한 편집 방침을 가지고 있었던 『모던 도쿄』와는 다르게 『모던 가나자와』는 구라 신이치(鞍信一)라는 편집자이자 발행인이었던 인물의 개인적인 취향이 상당히 강하게 반영된 잡지였다.

구라 신이치는 1910년생으로 가나자와 지역에서 영화와 관련한 일을 했으며 카페도 경영한 사람으로 1930년대 이후 가나자와의 모던 문화를 이끌었던 인물로 평가받는다. 그가 이러한 평가를 받게 된 이유는 지역의 영화 및 카페 문화에 공헌한 점을 인정받아서이기도 했지만 그 외에도 지역의 대중문화 발달과 보존에 그가 한 역할을 높이 평가받았기 때문이다. 구라 신이치가 1930년

대 무렵부터 수집한 레코드 및 축음기 관련 자료는 이시카와현역
사박물관(石川県立歴史博物館)에 기증되어 〈구라 신이치 컬렉션(鞍
信一コレクション)〉이라는 이름으로 기획전(2006)이 열릴 정도로 자
료로서의 가치를 인정받았다. 또 근대의 모던 문화를 다룬 『모던
가나자와』를 비롯하여 영화잡지 『서양영화 팬(洋画のフアン)』과 그
뒤를 이은 『거리의 팬(街のフアン)』 등 지역사회를 중심으로 대중
문화와 관련된 잡지를 간행한 점도 높은 평가를 받았다.

구라 신이치는 스무 살 무렵이던 1930년대부터 영화나 연극
을 중심으로 활발한 활동을 전개하면서 가나자와 지역의 대중문
화를 견인하였으며 전쟁이 끝난 뒤에도 지역사회에서 대중문화
와 관련된 활동을 계속하였다. 그는 1930-40년대에는 고탄다 신
이치(五反田信一)라는 이름으로 활동하였으며 『모던 가나자와』에
도 고탄다 신이치의 이름으로 글을 썼다. 구라 신이치로 이름이
바뀐 것은 전쟁이 끝나고 나서부터인데 현재는 구라 신이치라는
이름이 통용되고 있기에 이 책에서도 구라 신이치로 통일하여 이
름을 사용하기로 하겠다.

『모던 가나자와』의 간행에 대하여 구라 신이치는 1989년에 쓴
「내가 모던보이였을 때(僕がモボだった頃)」라는 글에서 "'월간지를
좀 더 대중에게로'라는 목표"를 내세운 『모던 일본』의 창간에 영
향을 받아 다음 해에 "가나자와 최초의 타운지 『모던 가나자와』
를 나 혼자의 힘으로 발간했다"고 회상하며 잡지의 "캐치프레이
즈를 '영화와 카페와 유람의 잡지'로 내걸고 매호 천 부를 인쇄하

였는데 특히 영화관 매점, 역 매점에서 많이 판매되었다"고 언급하고 있다.[3] 이러한 구라 신이치의 회고를 통해『모던 가나자와』는 중앙의 잡지인『모던 일본』의 창간에 자극을 받아 간행된 타운지였다는 사실과, 기존의 출판사나 편집체제가 있었던 것이 아니라 편집자였던 구라 신이치가 단독으로 잡지를 기획하고 간행하였다는 사실을 알 수 있다. 또『모던 가나자와』에서 주로 다루는 모던 문화가 영화 및 카페, 유람을 중심으로 설정되어 있었다는 사실도 엿볼 수 있다.

당시 가나자와에는 번화가인 고린보(香林坊)를 중심으로 영화관 거리가 형성되어 있었으며 "당시 사람들이 즐기던 오락거리의 대표는 영화"라고 할 정도로 영화 문화가 발달해 있었다.[4] 젊은 영화팬들이 중심이 된 서클이 조직되고 아마추어 영화비평그룹이 결성되는 등 가나자와에서는 영화가 다른 모던 문화보다 널리 수용되었다. 구라 신이치도 십대 후반 무렵부터 영화관에서 선전에 관련된 일을 했을 뿐만 아니라 스스로가 영화비평그룹을 형성하고 자주적으로 상영회를 열면서 최첨단의 영화를 가나자와에 소개하는 역할을 맡고 있었다.

『모던 가나자와』에는 위와 같은 가나자와 지역 모던 문화의 성격 및 구라 신이치 개인의 취향이 반영되어 있다. 잡지를 보면 1페이지부터 영화의 포스터 광고가 시작되어 안내 및 선전 등 영화와 관련된 읽을거리와 영화관·극장의 광고에 잡지 지면의 대부분을 할애하고 있는 것을 알 수 있다. 또 전체 90여 페이지 가운데

한 페이지 전면 또는 펼쳐진 두 페이지를 차지하는 영화 포스터 및 영화관·극장 광고가 50페이지에 달하며 당시 가나자와의 영화관 거리에 대한 사진이나 기사 등도 눈에 띈다.

이러한 『모던 가나자와』의 지면 구성을 보여주는 예가 [그림 19]인데 좌측이 가나자와의 영화관 거리를 리포트한 기사이며 우측이 1929년에 제작되어 일본에서는 1930년에 개봉된 미국 영화 〈러브 퍼레이드(The Love Parade)〉의 포스터이다. 『모던 가나자와』가 다루는 영화 관련 기사는 양적으로 많을 뿐만 아니라 영화를 폭넓고도 자세히 다룬다는 점과 지역사회 안에서 영화문화가 어떻게 이루어져 있으며 어떻게 소비되는가에 대해서도 관심을 기울이고 있었다는 점이 특징이라고 할 수 있다.

영화와 관련된 것 이외의 읽을거리로는 『모던 가나자와』의 창

그림 19 | 『모던 가나자와』 창간호(1931.1)

1930년대 일본, 잡지의 시대와 대중

간에 부쳐 기고한 구라 신이치의 글(「쉬어가는 말(憩える言葉)」)을 제외하고는 몇 편 되지 않다. 그러한 상황에서 잡지 기사의 또 다른 축을 담당하고 있는 것이 카페에 관한 기사였다. 카페 관련 기사로는 편집부가 가나자와의 카페에 관한 소개를 하는 「카페 거리(カフエー街)」나 카페 여급을 소재로 한 가십 기사 「여급과 사랑을 하려면(女給さんと恋をするには)」, 가나자와의 카페를 주제로 한 좌담회 「가나자와의 카페를 둘러싼 좌담회(金沢のカフエーを圍る座談会)」 등이 실려 있다. 이러한 잡지의 구성에서 보이듯이 『모던 가나자와』는 대체로 영화와 카페를 중심으로 지역의 모던 문화를 이끌었던 편집자 구라 신이치의 개인적인 취향이 강하게 반영되어 있었다고 할 수 있다.

잡지 내용에서 눈길을 끄는 점은 『모던 가나자와』가 중앙(도쿄 또는 제국 일본)을 끊임없이 의식하고 있다는 점이다. 앞에서 『모던 일본』의 간행에 영향을 받았다는 구라 신이치의 회상을 소개하였는데 그에 얽힌 일화를 좀 더 자세히 들여다보면 당시 『모던 일본』의 표지를 그린 가나자와 출신의 삽화가를 통해 구라 신이치는 『모던 일본』 측과 연락을 취했었다고 한다. 그는 『모던 일본』과 비슷한 잡지를 가나자와에서 간행해도 되겠느냐고 타진하면서 당시 『모던 일본』을 간행하던 문예춘추사의 사장 기쿠치 간에게 잡지 이름에 '모던(モダン)'이라는 문구를 사용해도 된다는 허가를 얻었다.

이러한 일화를 통해 구라 신이치가 잡지를 창간하면서 『모던 일본』이라는, 모던 문화를 다루는 본격적인 잡지의 출발을 보고 감화 받았을 뿐 아니라 중앙 잡지와 비슷한 제목을 달고 어떤 연결성을 강조하고자 한 것이라고도 해석할 수 있다. 즉『모던 가나자와』라는 이름을 가짐으로써『모던 일본』과『모던 가나자와』는 '모던'이라는 큰 틀 속에서 일본(중앙)과 가나자와(지방)이라는 연결된 구도를 가지게 된 것이다. 이는 중앙의 커다란 문화적 영향력 아래에 지방을 두고자 한 시도로 읽힐 수 있다.

이처럼 중앙을 의식하는 구도는『모던 가나자와』의 내부에서도 발견된다. 창간호를 여는 글인「쉬어가는 말」에서는 가나자와를 '근대도시'로 칭하면서도 가나자와의 시네마, 저널리즘, 잡지, 카페, 패션 등의 모던 문화가 "대도시의 온갖 것들에 밀려"서 가나자와에 "소위 모던 시류의 하나의 미완성적인 기원"을 새겼다고 평가하고 있다. 여기서 구라 신이치는 가나자와의 모던 문화를 중앙에 대비시키며 그 문화가 가지는 미숙함을 강조하여 드러내고 있는 것이다.

또『모던 가나자와』라는 잡지의 특성을 결정지은 각종 영화 홍보물에서도 중앙을 지향하는 경향이 보이고 있다.『모던 가나자와』에 실린 영화 포스터는 디자인에 공을 들여 여타 잡지에서 보기 힘든 세련된 디자인을 선보이고 있다. 이렇게 세련된 화보가 실리게 된 것은 당시 주로 외국영화를 다루는 영화관의 기획선전부장이었던 구라 신이치가 각 영화사에 유명한 영화전문잡지『키네마준보(キネマ旬報)』에 실린 팸플릿과 같은 화보를 보내 달라고

의뢰하였기 때문이었다. 『모던 가나자와』는 가나자와 지역사회의 모던 문화의 중심이었으며 동시에 잡지를 구성하는 가장 핵심적인 요소인 영화를 나타내는 데에 중앙의 것을 그대로 가져오고자 하였다. 이러한 사실에서 『모던 가나자와』는 중앙과의 연결 또는 중앙 문화 그 자체를 지향하는 자세를 지니고 있었음을 알 수 있다.

이제까지 살펴본 바와 같이 『모던 가나자와』에는 지역사회를 중심으로 모던 문화를 적극적으로 형성해 가면서도 대중문화의 중심지인 도쿄와 변방으로서의 가나자와를 강하게 의식하는 구도가 명확히 드러나 있다. 일반적으로 중앙과 지역사회는 문화적 인프라나 유행의 속도에서 차이가 존재하며 대중문화적인 면에서 지역이 중앙보다 세련되지 못하다고 여겨지는 것이 사실이다. 하지만 지역사회를 중심으로 만들어진 잡지에서 그와 같은 구도가 노골적으로 엿보이는 것은 『모던 가나자와』를 만들어간 지역 문화인들이 인식의 기준점을 중앙에 두고 스스로를 주변화하고 있었다는 사실을 방증한다.

개항지라는 요코하마의 정체성을 추구한 『모던 요코하마』

『모던 요코하마』는 『모던 도쿄』나 『모던 가나자와』보다

는 조금 늦은 1936년에 창간되었다. 1936년은 이미 도시문화와 소비문화를 기반으로 한 모던 문화가 그 정점을 지났던 시기로 그러한 시대를 반영하듯 『모던 요코하마』에도 일반적으로 모던 문화영역에서 많이 다루어지던 영화나 패션에 관한 기사, 카페나 바 등의 향락적인 유흥문화를 기반으로 한 리포트나 좌담회의 모습은 거의 보이지 않는다. 지역에서 간행된 앞의 두 잡지와 공통된 모던 문화적인 요소를 찾아보면 편집부가 영화계 여자 신인 배우에 대해 집필한 「36년에 활약할 신인을 논한다 쇼치쿠편(36年に活躍する新人を語る松竹の巻)」과 페이지 하단 부분에 띠처럼 이어지는 기사로 실린 「카페 앤 티룸(カフェー・エンド・テールーム)」이나 「요코하마 댄스홀 순방(ハマ・ダンスホール巡り)」 정도의 글밖에 보이지 않는다.

　　모던 문화를 다루는 데에 유행을 좇는 기사나 가십, 또는 인물이나 번화가를 취재한 기사 등이 그다지 보이지 않는 대신 『모던 요코하마』는 민요와 가요, 일본의 전통노래 고우타(小唄)의 창작인 신코우타(新小唄) 등 당시 유행하던 유행가 장르의 창작물을 싣고 있다는 점이 특징적이라 할 수 있다. 잡지에 실린 창작 유행가는 「민요 호리병 오뚝오뚝(民謠 瓢箪ぽっくりこ)」, 「신코우타 모던 요코하마(新小唄 モダン横浜)」, 「가요 바닷가(歌謠 海のほとり)」이다. 이 가운데 요코하마의 모던 문화에 대해 노래한 것은 「신코우타 모던 요코하마」뿐이며 나머지는 자연에 기대어 사랑에 얽힌 감정을 노래한 것들이다. 또한 유행하는 문화를 직접적으로 다루지는 않더라도 읽을거리의 내용이 당시의 모던 문화를 상징하는 '에로・그

로·난센스' 풍조에 부합하는 것이 많다는 점도『모던 요코하마』가 모던 문화를 다루는 방식의 특징을 보여준다고 할 수 있다.

　『모던 요코하마』에는 소설이나 정보 전달을 위한 기사 등의 읽을거리가 주로 실려 있는데 그 내용을 살펴보면 개항지라는 요코하마의 지역적 특색을 강조한 것들이 다수를 점하고 있다. 마키시모후(槇霜夫)의 소설「외국인 거리 이야기(外人街物語)」는 요코하마를 배경으로 한 소설인데 제목 그대로 외국인이 사는 지역이라는 것에 초점을 맞추어 이야기를 끌어가고 있다. 또한 요코하마와 개항에 얽힌 이야기들을 풀어낸「개항측면사(開港側面史)」나 나폴리나 마르세이유 등 세계의 유명 항구도시를 소개하고 그곳의 세관에서 있었던 에피소드를 전하는「항구와 세관 이야기(港と税関物語)」등은 항구도시로서 요코하마가 가지는 지역적 특색을 강하게 드러낸 것이라 할 수 있다.

　문명개화 이후 요코하마에는 개항으로 인해 많은 외국인이 드나들게 되었는데 그러한 항구도시로서의 정체성을 짙게 내보이는 경향은 읽을거리의 내용뿐만이 아니라 표지나 삽화에도 잘 드러나 있다. [그림 20]은『모던 가나자와』창간호와『모던 요코하마』창간호의 표지인데 잡지 표지의 경우 그 잡지의 성격을 명확히 드러낼 수 있도록 디자인하는 것이 일반적이다. 앞에서 살펴본 것처럼 젊은 여성을 독자로 상정한『모던 도쿄』가 밝은 분위기의 여성과 화장품 광고를 표지에 내세웠던 것이나 영화에 강점을 가

그림 20 | 『모던 가나자와』(1931.1)와 『모던 요코하마』(1936.1) 표지

진 『모던 가나자와』가 미국의 영화배우 클라라 바우(Clara Bow)를 표지에 기용한 것을 보아도 잡지의 성격과 표지 사이의 상관관계를 짐작할 수 있다. 앞의 두 잡지가 표지에서 중점을 둔 것이 각자가 생각하는 '모던'의 상징이었다면 『모던 요코하마』의 표지에는 금발 여성의 뒤로 보이는 항구의 모습이 있다. 즉 『모던 요코하마』는 '모던'적인 측면을 강조했다기보다는 오히려 개항지 '요코하마'라는 지역적 특성에 초점을 맞추었다는 것을 알 수 있다. 『모던 요코하마』는 표지 외에도 목차 부분의 삽화에서도 항구도시로서의 측면을 강조한 그림을 싣고 있는데([그림 21]) 이는 요코하마의 지역적 정체성을 개항지로 설정한 편집자 측의 현실의식이 반영된 것이라 할 수 있다.

『모던 요코하마』 창간호의 「권두언(巻頭言)」에서 주간(主幹) 요코미조 산지(橫溝三二)는 편집자로서의 각오와 잡지 창간 의도에

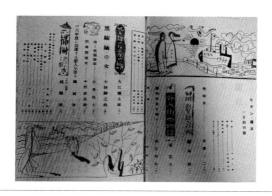

그림 21 | 『모던 요코하마』(1936.1) 목차

대하여 언급하고 있다. 우선 자신에 대해 "이름도 없는 일반 시민"이지만 "요코하마시를 사랑하는 마음만은 누구에게도 뒤처지지 않을 만한 타산과 방책과 정열을 유일한 자본으로 하여 이번에 이러한 형식을 통해 여러분에게 이야기를 전달할 결심"을 하였다고 말하고 있다. 이 글에서 주간인 자신을 "하찮은 미경험자"로 규정하고 있는 것으로 보아 『모던 요코하마』 역시 『모던 가나자와』와 마찬가지로 원래 잡지나 책을 만드는 출판업에 종사했던 사람이 아닌 다른 업계에 종사하는 사람이 어떠한 목적을 가지고 잡지를 창간하였다는 사실을 알 수 있다.

「권두언」에는 요코하마의 역사와 개항과 더불어 시작된 도시형성과정이 자세히 나와 있다. 그 속에는 요코하마가 현재 수십억의 화물이 오고 가는 주요 항구가 되어 "바야흐로 문화는 이 우뚝선 근대양식의 항구도시적인 제도에 의해 오히려 서구를 위협하려고 한다"는 지역과 지역문화에 대한 자부가 나타나 있다. 하지만 그와 동시에 "순수한 요코하마의 토박이"가 외부에서 들어온 세력, 즉 "횡포를 부리는 외국인과 외부에서 수입되어 온, 한몫 건지려는 사람들" 사이에서 "토지나 이권 등을 유린당하는 것을 그저 방관하고만 있어야 했"다는 피해자로서의 자의식 또한 깔려있다. 즉 개항을 통해 발전을 거듭하는 지역에 대한 자부심과 외부와의 대립 구도 속에서 피해를 보고 있다는 자의식이 동시에 나타나고 있는데 이는 외국과의 접점과 월경을 통해 형성된 요코하마 지역의 특성이 대조적으로 나타나 있는 것이라 할 수 있다.

이처럼 그 생성부터 봐도 종래의 다른 도시와 전혀 다른 문화 위에서 진전해 온 이 도시의 발전 경로는 소위 대외관계와 결부된 인간 활동의 소산입니다. (중략) 쓸데없이 전국적 운운하는 것만을 봐 왔기에 애써 요코하마를 배경으로 하면서도 요코하마가 가장 크게 부여받은 핸디캡 오브 디스트릭트 로컬리티를 고양시키는 것을 잊고 있었다는 사실을 깨달았습니다. 따라서 요코하마를 하나의 소도시로 두는 대신에 정조적이고 문학적인 재팬 투어리스트 뷰로의 역할을 널리 맡아야 하는 것이 당연하다고까지 생각하기에 이르렀습니다. 그러한 의미에서 전 이 모던 요코하마를 탄생시켰고 나아가 모던 요코하마와 생사를 함께 할 각오를 하였습니다.[5]

위의 인용문에서 알 수 있듯이 요코미조가 「권두언」에서 가장 문제로 삼고 있는 것은 현재 요코하마를 배경을 하는 읽을거리들이 이러한 요코하마의 지역적 특수성을 담아내지 못한다는 점이었다. 이러한 현실의식 속에서 요코미조는 요코하마를 "정조적이며 문학적인 재팬 투어리스트 뷰로", 즉 일본의 관광안내소로 위치시키고자 하였으며 그 역할을 『모던 요코하마』를 통해 알리고 또 수행해 내고자 한 것이라 할 수 있다. 그리고 이를 실현하기 위해 『모던 요코하마』에서는 지역사회의 모던 문화라는 것을 현재의 유행만을 좇거나 유흥가나 번화가에서 찾는 것이 아니라 지역이 갖는 정체성 속에서 찾아내고자 하였다. 패션이나 영화 등의 실존하는 유행으로부터 거리를 두고 내용적인 면에서 요코하마라는 지역사회에 투영된 모던 문화적인 요소를 표현해내고자 한 것이다.

'모던'계 잡지가 드러내는
1930년대 일본 지역사회의 대중문화

모던 문화를 표방한 '모던'계 잡지는 근대일본의 대중문화를 논하는 데에 다양한 시점을 제공해 줄 수 있는 유효한 매체 중 하나이지만 지역에서 간행된 '모던'계 잡지는 워낙 작은 규모로 출판되었고 지역사회를 중심으로 유통되어 실물을 확인할 수 있는 자료가 거의 없는 것이 현실이다. 이 책에서 다룬 『모던 가나자와』와 『모던 요코하마』 역시 창간호밖에 남아있지 않는데 그 한 권만으로 잡지의 특성이나 잡지가 전하고자 한 지역의 모던 문화를 규정지을 수는 없을 것이다. 그럼에도 불구하고 1930년대에 지역의 모던 문화가 어떻게 전개되었는지 나타내는 자료로서 지역에서 간행된 '모던'계 잡지에 주목하는 의의는 적지 않다.

여기에서 살펴본 세 잡지는 각각 다른 특성을 보이는데 『모던 도쿄』는 수도인 도쿄를 잡지 이름에 내세우고 있었지만 도쿄의 지역색이 강하게 드러나지는 않았으며 모던 문화를 향유하는 일반 대중에게 어필하는 구성을 취하고 있었다. 그에 반해 『모던 가나자와』와 『모던 요코하마』는 모두 지역사회와 깊은 연관성을 보이고 있다고 할 수 있다. 『모던 가나자와』와 『모던 요코하마』의 공통점으로는 두 잡지 모두 전문출판인이 아닌 출판업에 종사하지 않던 개인이 잡지 기획과 간행을 도맡아서 편집자 개인의 의향이 잡지에 강하게 반영되었다는 점을 들 수 있다.

하지만 지역사회에서 각 잡지가 수행한 역할에서는 두 잡지가 차이점을 보인다. 『모던 가나자와』의 경우는 편집자의 개인적인 지향점과 영화를 중심으로 한 가나자와 지역 안의 모던 문화 수용의 경향이 맞아떨어지면서 잡지가 지역사회 안에서 인기 있는 대중문화를 더욱더 널리 확산시키는 역할을 수행하였다고 할 수 있다. 한편 『모던 요코하마』의 경우에는 지역의 모던 문화를 중점적으로 다루고 그것을 공유하는 구성이라고 보기는 어렵다. 그보다는 요코하마라는 지역사회에 대한 편집자의 현실의식을 기반으로 외부와 맞닿아 있는 항구도시이자 외국인 거리로서의 지역적 정체성을 강하게 내보이는 동시에 그러한 정체성을 지닌 요코하마를 알린다는 사명의식이 엿보인다.

『모던 가나자와』와 『모던 요코하마』의 비교에서 특히 눈여겨볼 만한 부분은 중앙과의 관계 설정이다. 『모던 가나자와』에는 중앙(도쿄)의 대중문화에 비해 뒤처진 지방(가나자와)의 대중문화라는 인식 아래에 중앙과 지방을 계층화하는 구도가 엿보인다. 반면에 『모던 요코하마』에는 외부와의 접촉 속에서 형성된 지역의 특성을 강조함으로써 중앙과 지방의 구도가 아닌 지역 안에서의 외부(외국적인 것)와 내부(일본적인 것)의 대조와 대항을 나타내고 있다. 이러한 특성은 지방 소도시와 개항지라는, 가나자와와 요코하마의 지역적 특색과 관련이 있을 것이다.

『모던 가나자와』와 『모던 요코하마』의 예를 통해 본 1930년대 일본 지역사회에서의 대중문화 수용은 그 지역의 문화적·향토적 특성에 따라 그 양상이 달리 나타났다. 특히 지역에서 어떠한 방식으로 중앙 또는 외부와의 관계를 설정하느냐가 지역의 대중문화를 형성해 가는 과정에 큰 영향을 미쳤다는 사실을 알 수 있다.

제6장

모던을 벗어나 제국주의로
─1930년대 후반 이후의『모던 일본』[1]

잡지 미디어의 '전쟁 책임'

1945년 8월 15일 이후의 일본 사회에서 '전쟁 책임'이라는 말은 좋은 의미로든 나쁜 의미로든 전쟁으로 인해 파괴되어 버린 일본이라는 국가를 재건하기 위해 중요한 역할로서 이용되었다. 그리고 오늘날에도 동아시아의 국제정세를 논할 때 그 말이 가지는 무게는 날이 갈수록 무거워지고 있다. 전쟁이 끝난 직후부터 '전쟁 책임'은 정치나 사회에서 문화에 이르는 다양한 영역에서 추적되고 추궁당해 왔으며, 그러한 경향은 잡지 미디어에서도 마찬가지였다.

잡지 미디어 가운데서는 전쟁 중에 간행된 『개조(改造)』나 『문예춘추』 같은 종합잡지부터 『부인공론』, 『주부의 벗』 등의 부인잡지, 그리고 소년·소녀잡지까지 장르를 불문하고 여러 차례 '전쟁 책임', 즉 그 잡지가 전쟁에서 어떻게 조력자 역할을 행하였으며 전쟁 수행에 얼마만큼의 책임이 있는가 하는 문제에 대해서 이야기되어 왔다. 그러나 이처럼 잡지 미디어가 거세게 '전쟁 책임'을 추궁 받는 상황 속에서도 식민지 조선 출신 마해송이 편집장 겸 발행인이었다는 사실로 주목을 끌고 있는 『모던 일본』은

'전쟁 책임'이라는 말에서 벗어나 있었다고 할 수 있다.

마해송이 편집장으로 취임하여 『모던 일본』이 다양한 전략으로 대중을 사로잡기 시작하고 나서 5년이 지난 1937년, 일본은 중일전쟁을 일으켜 본격적인 전시 체제로 들어갔다. 일본이 전쟁에 박차를 가하면서 일본 국내의 모든 물자와 사람들을 전쟁으로 밀어 넣기 시작한 1930년대 후반, 마해송의 『모던 일본』은 어떠한 길을 취하고 있었는가.

'전쟁 책임'에서 벗어나 있는 『모던 일본』

제2장에서 살펴본 바와 같이 '쇼와 모더니즘'을 표방하는 대표적인 대중오락잡지였던 『모던 일본』은 창간 이듬해 판매 부진으로 인해 폐간의 위기를 맞았지만 마해송이 편집장으로 취임한 후 대중적으로 인기를 얻으며 규모 있는 잡지로 성장하였다. 전쟁이 격화되던 1930년대 후반부터 인쇄매체에 대한 당국의 규제와 검열이 심해지는 상황 속에서도 『모던 일본』이 1940년대 초반까지 휴간이나 별다른 제제 없이 정상적으로 계속 간행될 수 있었다는 사실은 모던일본사가 당국의 방침을 수용하여 전쟁에 찬동하는 기조로 잡지를 만들었다는 것을 의미한다. 그렇다면 『모던 일본』은 어떻게 '전쟁 책임'에서 벗어날 수 있었을까. 이제까지 『모던 일본』이 '전쟁 책임'을 추궁당하지 않았던 것에는 다음과 같은 몇 가지

이유가 있다.

우선 '모던'계 잡지 그 자체가 그다지 주목받지 못했다는 사실을 들 수 있을 것이다. 기존에『모던 일본』에 대해 관심을 기울였던 사람들은 주로 조선인이 일본잡지의 편집장을 맡았다는 점이나 1930년과 1940년에 특집판으로 간행된『모던 일본 조선판』에 대해서 언급하는 데에 그쳤으며 잡지 미디어로서『모던 일본』이 행한 역할 등에 대해서 깊게 다루지는 않았다. 또 대중오락잡지의 '전쟁 책임'을 묻는 것은 가장 대표적인 대중잡지인『킹』에 집중되었기에『모던 일본』은 그 그늘에 가려서 비판받지 않을 수 있었던 점 또한 이유 중 하나일 것이다.

하지만『모던 일본』의 '전쟁 책임'을 보이지 않게 가리고 있는 가장 큰 원인은 바로『모던 일본』의 모든 사안을 직접 결정한 출판사 사장이자 편집장이었던 마해송이 식민지 출신이었다는 사실과『모던 일본』을 이어받아 간행된『신태양』의 존재때문이었다. 전쟁이 격화되던 1943년 1월, 모던일본사는 사명을 신태양사로 바꾸었으며『모던 일본』또한『신태양』으로 이름을 바꾸어 간행되었다.『신태양』이라는 잡지는 전시하 체제에서 프로파간다의 역할을 수행하였다고 비판받는 잡지 중 하나로 1943년부터 1945년 무렵까지 간행되었다.(종간호가 확실히 밝혀지지 않았지만 1945년 1월호까지는 일본 국회도서관에 소장되어 있다.)

제2차 세계대전이 격화되면서 총력전을 벌이던 시기에 프로파간다의 역할을 수행한『신태양』에 '전쟁 책임'을 묻는 목소리가 집중되면서 상대적으로『모던 일본』은 '전쟁 책임'에서 벗어날 수 있었다고 할 수 있다. 그러나 1945년 8월에 전쟁이 끝나고 신태양사는『신태양』이 아니라『모던 일본』으로 이름을 되돌려 1946년 1월부터 다시 잡지를 간행하였다. 이러한 사실로 미루어보아『모던 일본』과『신태양』은 일시적으로 명칭이 바뀌었을 뿐 동일한 잡지로 인식해야 하지만 그 관계성을 강하게 부정하는 사람들도 있다.

한국에서 마해송은 한국 최초로 창작동화를 쓴 선구적인 아동문학자이자 민족저항적인 동화를 쓴 작가로 알려져 있다. 하지만 식민지 시기에 일본에서 큰 잡지사를 경영하면서 일본 문화계의 중심에서 활동했다는 경력은 그의 평가를 친일과 반일의 대립 구도 속에 갇혀 있게 만들었다. 마해송을 둘러싼 친일/반일 논쟁은 아직 결론이 나지 않았지만 마해송이 반일적인 입장을 견지했다고 주장하는 사람들이 그 논쟁을 끊기 위해서 선택한 것이『신태양』의 존재이다.

마해송의 아들인 시인 마종기는 저서『아버지 마해송』(2005)에서 마해송은 항상 조선 민족이라는 것을 자랑스럽게 여겼으며 일본에 저항한 민족주의자였음을 역설하였다. 그러면서 모던일본사가 신태양사로 이름을 바꾸었을 무렵에는 일본의 침략전쟁을 못마땅하게 생각했던 마해송이 이미 출판사에서 나간 후였기 때문에『신태양』과 마해송은 전혀 관계가 없다고 주장하였다. 또 마해송 그 자신도『모던 일본』에 몸담았던 시기에 대한 회고는 다

수 남기고 있지만『신태양』에 대해서는 크게 언급하지 않았다.

　여기서 말하고 싶은 것은 마종기의 주장에 대한 옳고 그름이 아니라『모던 일본』과『신태양』사이에 관계성이 존재하는 것은 명백하며『모던 일본』이『신태양』으로 바뀌기 이전부터 프로파간다로서의 역할을 수행했던 것은 부정할 수 없는 사실이라는 점이다. 여기에서는『모던 일본』이 어떠한 방법으로 일본의 전쟁과 식민지 정책을 선전하였는지, 또『모던 일본』이 프로파간다화 되는 과정과 책임자가 식민지 출신이었다는 점은 어떠한 영향 관계에 있었는지를 살펴보면서 이제까지 가려져 있던『모던 일본』의 '전쟁 책임'에 대해 접근해 보고자 한다.

1937년 전후의 잡지계에 일어난 변화

　　　마해송이 편집장을 맡고 나서 순조로운 행보를 보이는 것처럼 보였던『모던 일본』은 일본이 전쟁에 돌입함에 따라 당국의 식민지 정책 및 전시하 체제를 따르는 형태로 잡지의 성격을 바꾸어 갔다. 창간 당시부터 유지해 온 모던 문화적인 색채보다 정치색이 강해지면서『모던 일본』이 본격적으로 일본 정부의 프로파간다로서 움직이기 시작한 것은 1937년 중일전쟁이 일어나고 나서의 일이다. 그리고 1941년 12월 8일에 진주만 공습으로 태평양 전쟁이 시작된 이후는 잡지의 성격이 완전히 바뀔 정도로 변화를 보이게 된다.

1937년 7월에 발발된 중일전쟁은 잡지계에 큰 영향을 끼친 대사건이었다. 이듬해인 1938년 간행된 도쿄도의 『출판연감』에 실린 「출판계 일년사(1937년도)(出版界一年史(昭和十二年度))」에는 당시 잡지계 동향에 대해 다음과 같이 언급되어 있다.

> 앞서 이야기한 전쟁을 다룬 임시증간이나 특집호가 잇달아 나오며 시장을 떠들썩하게 한 것은 8월 15일자 『문예춘추』 첫 임시증간호 「중일 전면적인 격돌(日支の全面的激突)」이 간행된 이후로 12월 15일자의 「중국에서 본 전쟁(支那から見た事変)」까지 다섯 권의 임시증간호가 발행된 것이 그 시작이다. 그 후로 『중앙공론』, 『개조』, 『일본평론(日本評論)』이 각각 세 차례씩 간행한 외에도 『모던 일본』, 『신청년』, 『부인공론』 등이 한 차례씩 간행하였다. 게다가 『이상(理想)』 같은 문화, 철학 잡지와 『월간 황군(月刊皇軍)』, 『국체학잡지(国体学雑誌)』, 『대의(大義)』 등의 국가주의계통 잡지까지 특집호나 증간호를 발행한 것은 유례가 없는 일로 이번 전쟁의 성질을 이야기해주는 것이라 여겨진다.

1930년대에 들어 급변해가는 국제정세를 주시하고 있던 각 잡지는 중일전쟁 발발을 계기로 저마다 전시하 체제에 들어가게 되었다. 그와 같은 경향은 인용문에서 보이듯이 거의 모든 잡지에 공통적으로 나타난 일이었다. 각 잡지는 전장의 모습을 생생하게 전하기 위해 화보를 늘리는 등 비슷한 움직임을 보이는 한편, 저마다의 전략도 가지고 있었다. 예를 들면 『문예춘추』는 같은 출판사에서 간행되던 『이야기(話)』를 폐간하고 대신에 『문예춘추』의 임시증간호였던 『현지보고(現地報告)』를 정규 잡지로 만들어 월 1회 간행하도록 하였다. 이러한 움직임으로 『문예춘추』는 원래 가지고 있던 체제를 완전히 무너뜨리지 않고도 전쟁을 중계하고 선전할 수 있는 방법을 찾았다.

주간지의 경우를 보면 『선데이 마이니치(サンデー毎日)』는 「중일전쟁 황군 무용전(支那事変皇軍武勇伝)」이나 「황군 위문호(皇軍慰問号)」 등의 임시특집호를 몇 차례에 걸쳐 반복적으로 내었으며, 『주간 아사히(週刊朝日)』는 큰 틀은 유지한 채로 「세계의 움직임(世界の動き)」(1939.1.1-6.29),「총후 르포르타주(銃後ルポルターヂュ)」(1939.7.2-9.3), 「총후의 꽃(銃後の花)」(1939.11.19·11.26) 같은 시리즈물을 연달아 기획하였다.

『모던 일본』은 중일전쟁이 발발된 1937년 7월로부터 3개월이 지난 뒤인 1937년 10월에 처음으로 전쟁특집호를 간행하였다. 그 이전부터 험악해지는 국제정세를 다룬 기사를 여러 차례 실었는데 중일전쟁을 경계로 잡지 지면은 대부분이 전쟁에 관한 기사로 메워졌다. 또 소설에서도 전쟁을 소재로 한 것(가장 이른 시기에 나타난 소설은 1937년 12월호에 실린 하세가와 신(長谷川伸)의 「복수의 봄(敵討の春)」)이 다수를 점하게 되었다. 1938년에 들어서면 전장의 목

소리를 독자에게 바로 전달하는 기사가 등장한다. 1938년 신년특집호에 실린 나카야마 젠자부로(中山善三郞)가 쓴 「상하이 종군 두 달 반(上海從軍二ヶ月半)」이나 기타바야시 도마(北林透馬)의 「종군작가 초년병(從軍作家初年兵)」 등 종군경험에 관한 기사가 그러한 예이다.

그 외에도 중일전쟁이 발발한 이듬해인 1938년에는 전쟁에 관한 특대호가 8번(1938.1, 4, 5, 7, 8, 9, 10, 11), 임시증간호가 2번(4월 「춘계 대증간 전쟁소설호(春季大增刊 戰爭小說号)」, 9월 「임시증간 전쟁특보(臨時增刊 戰時特報)」) 간행되는 등 1937년부터 시작된 『모던 일본』의 전시하 체제는 날이 갈수록 그 기세를 더하게 된다.

전시하 체제에서의 『모던 일본』

『모던 일본』의 전시하 체제에서 주목할 만한 부분은 전장에 있는 병사와 총후(銃後)의 국민을 잇는 구도이다. 총후란 말 그대로 총 뒤에 있다는 의미로 전쟁의 전방에 나서지 않고 후방에서 전쟁을 지원하는 것을 의미한다. 당시 일본 국토 밖에서 수행되었던 전쟁을 국내에 있는 국민이 지원한다는 뜻으로 쓰였던 단어이다.

전선에서 직접 전쟁을 수행하는 병사와 국내에서 그를 뒷받침하여 전쟁의 수행을 지원하는 국민을 연결하는 구도는 『모던 일본』에 실린 광고나 기사에서 자주 보인다. 그러한 의도가 가장 명

확하게 보이는 것은 「전쟁터에서 온 소식(戰地からの通信)」 기사의 말미에 다 읽은 『모던 일본』을 전장에 위문품으로 보내주기를 요청하는 부분([그림 22])이다. [그림 22]의 우측에는 "다 읽으신 후에는 부디 육군성, 해군성의 휼병부(恤兵部) 또는 전장에서 분투하고 있는 황군 장병 여러분에게 위문품으로 보내주십시오"라고 적혀 있으며 보내는 이의 주소와 이름을 쓰게 되어 있다. 그리고 그 옆에는 "1938년 3월부터 이번 달 호까지 합계 1813명"이라

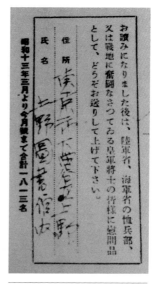

그림 22 | 『모던 일본』(1939.1)

고 적혀 있는 것으로 보아 실제 이를 이용하여 위문품을 보낸 사람이 꽤 많았다는 사실을 알 수 있다.

그러나 잡지를 위문품으로 보내도록 선전했던 것은 『모던 일본』만이 아니었다. 근대에 간행된 일본 대중잡지의 대표격이라 할 수 있는 『킹』 역시 『모던 일본』과 마찬가지로 선전 문구를 넣어 『킹』을 위문품으로 전장에 보내도록 장려했다. 하지만 『킹』과 『모던 일본』의 선전에는 커다란 차이가 존재한다. 바로 '전장의 가시화' 전략이다.

쓰보이 히데토(坪井秀人)는 『일본 근대문학과 전쟁(日本近代文学

と戰争)』(2012)에 실은 글을 통해 "근대일본이 수행한 대외전쟁의 특징"에 대해 "섬나라 일본의 입장에서는 전장이라는 것이 항상 바다에 의해서 내지와 거리를 두고 있어야 한다는 조건이 불가피했다"는 점을 언급했다. 더불어 "전장과 내지는 이어져 있지 않으며 공간적으로 떨어져 있다는 의식을 만들어내는 전제가 이미 마련되어 있었으며 전선(前線)(전선(戰線)·전쟁터·전장)과 총후라는 이원적인 패러다임이 만들어져 있었다"고 지적했다. 제국 일본이 싸우던 전쟁터는 내지에서는 보이지 않는 곳에 있었으며 그 불가시성(不可視性)으로 인해 의식상에서도 전쟁터와 내지 사이에는 거리가 생기고 마는 것이다.

1937년부터 시작된 전시하 체제에서 대부분의 잡지 지면에는 전장을 찍은 화보가 대폭 늘어났다. 그것은 전장의 실상을 더욱 생생하게 독자에게 전하기 위해 기획된 것이었다. 그러나 내지에 살고 있는 일본 국민이 영위하고 있는 생활과 극단적으로 다른 전쟁터의 풍경은 선명한 전쟁의 이미지를 전달하는 데에는 효과적이었을지도 모르지만 내지와 전쟁터의 거리를 독자에게 더욱더 강하게 인식하게 만들었을 가능성 또한 있었다. 『모던 일본』은 그와 같은 '보이지 않는 전장'을 「전쟁터에서 온 소식」 같은 기획을 이용해 효과적으로 가시화시켰다.

「전쟁터에서 온 소식」은 1938년 3월부터 1940년 4월까지 매호마다 게재된 코너로 각지의 전장에서 보내온 병사들의 편지를 소개했다. 가장 많은 편지가 소개되었을 때는 한 달에 413명

(1938.4)에 이르렀을 정도로 전장에 있는 병사들에게 반향이 컸다. 앞서 소개한 문예춘추사의 잡지『현지보고』에도 병사의 편지를 소개하는 코너가 마련된 적이 있었으며(1940년 7월호 「결사대 용사들의 각오와 유서(決死隊諸勇士の覚悟と遺書)」), 『킹』의 독자란에도 전장에 보내는 위문품 주머니에 들어있던『킹』을 읽었다는 글(1937.11)이 소개되어 있다. 하지만 다른 잡지에 보이는 병사들의 소식은 그 수가 몇 십 단위에 그치는 일이 많아 몇 백 통의 소식이 전달되는『모던 일본』과 비교하여 우선 양적인 면에서 큰 차이가 있었다. 또 병사들의 소식을 활용하는 방법에서도『모던 일본』은 다른 잡지와 다른 점이 많았다.

「전쟁터에서 온 소식」이 시작되고 나서 얼마 지나지 않았을

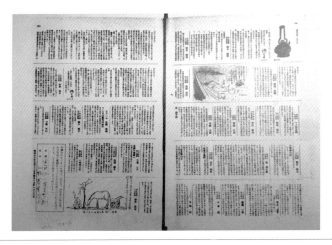

그림23 |『모던 일본』
「전쟁터에서 온 소식」(1939.1)

때부터 [그림 22]처럼 위문품을 장려하는 선전이 나타난다. 병사의 소식을 읽은 후에 바로 옆에 있는 주소란에 자신의 이름과 주소를 써서 전장으로 보내는 행동은 단순히 위문품을 보내는 행위에 그치지 않았다. 그것은 잡지를 매개로 하여 전장의 병사와 직접 소통하고 있다는 느낌을 줄 수 있는 행위였다. 즉 독자는 『모던 일본』을 통해 '보이지 않는 전장'이 이어져 있다는 감각을 맛볼 수 있는 것이다.

또 주소란에 자신의 정보를 적어 넣으면서 시작되는 독자의 행동과 그 결과로서 위문품의 잡지가 도착한다고 하는 시스템에는 의식상에서 전장과 총후를 잇고자 하는 의미 그 이상이 담겨 있었다. 바로 지금 실현할 수 있는 실천적인 행동을 잡지가 제시함으로써 전장은 아득히 멀리 있는 곳이 아니라 '나'의 행동이 영향을 미칠 수 있는 범위 내에 있다는 것을 의미하기도 했던 것이다. 요컨대 『모던 일본』은 총후의 국민으로서 당장 실현 가능한 행동을 설정해서 보여줌으로써 독자에게 전장과 총후 사이의 직접적인 연결고리를 인식하게 만들었다고 할 수 있다.

위와 같은 『모던 일본』의 전시하 체제가 1930년대 후반부터 계속 가속화되기만 한 것은 아니었다. 「전쟁터에서 온 소식」이 잡지 지면에서 모습을 감춘 1940년 후반 무렵부터 『모던 일본』의 전시하 체제는 그 기세를 다소 늦추었다. 전면적으로 전쟁을 내세웠던 분위기에서 한발 물러선 『모던 일본』에는 전쟁이 일어나기 전처럼 「도쿄에서 활약하는 외국부인 좌담회(東京で活躍する異国婦

人座談会)」(1940.8), 「리슌란과 문예봉 대담회(李香蘭と文藝峰対談会)」(1940.10) 같은 기사가 실리며 예전의 모던 문화적인 요소가 일시적으로나마 되살아났다.

전쟁이 본격화되기 전인 1930년대 중후반에『모던 일본』은 전쟁에 휩쓸려가면서도 모던한 분위기를 유지하고자 노력하였다. 그 일환으로 1935년에는 창간 5주년을 기념하여 각 분야의 저명 인사를 모아「모던 일본 축제(モダン日本まつり)」라는 성대한 이벤트를 열기도 하였다. 이러한 모던한 분위기를 유지하려는 노력은 전시하 체제에서도 이어졌지만 이전과는 다른 양상을 보였다. 창간 10주년(1940)에도 이벤트를 열었지만「상이 장병 초대 위안 관극회(傷病将士招待慰安観劇会)」라는 시국에 맞춘 이벤트를 기획하였다. 이벤트의 테마뿐 아니라 규모도 축소되었는데 이 역시 시국상 큰 이벤트를 열기에는 어려움이 있었던 것으로 보인다.

하지만 성대한 축제의 장을 마련하지는 못했지만『모던 일본』은 독자의 참여를 유도하는 여러 기획을 시도하였다. 잡지 지면을 이용하여 큰 규모로 독자 현상 대회를 기획하고 그 상품으로 전쟁 이전부터 힘을 쏟아 만든 '모던 일본 스타일'의 제품을 준비한 것도 모던 문화의 경쾌함을 전시하 체제에서도 유지하기 위한『모던 일본』의 노력이라고 볼 수 있을 것이다.

그러나 이와 같은 노력이 허무하게도 1941년을 넘어가면『모던 일본』은 완전히 프로파간다로 변모하게 된다. 그 무렵부터 전쟁과 관련 없는 기사는 거의 보이지 않게 되었으며 모든 글이 전쟁을 중점적으로 다루게 되었다. 그러한 변화를 극명하게 보여주는 것이 마해송이 편집장을 맡아 『모던 일본』을 다시 펴냈을 때부터 계속 유지해 왔던 시각적 이미지의 변화이다.

『모던 일본』은 잡지의 표지 디자인으로 모던한 여성의 상반신 클로즈업을 사용했는데 1940년대에 들어서면 스케이트를 타거나 배구를 하는 등 활동적으로 움직이는 여성의 그림으로 바뀌게 된다.(제2장 [그림 9] 참조) 그것은 당시 산업 전선에 나서서 일할 것을 요구받았던 총후의 여성이 가져야 할 활동성이 강조되어 표지에 반영된 결과라고 할 수 있다. 또 창간된 이후로 계속 목차 페이지의 배경으로 여배우들의 사진이 실려 있었는데 그 사진이 군인이나 정치인의 사진으로 바뀐 것도 눈에 띄는 변화이다. 이러한 시각적 이미지의 변화는 모던 문화를 다루는 대중잡지로서의 정체성을 버리고 프로파간다의 길로 들어선 『모던 일본』을 상징하는 하나의 증거이다. 그리고 이 변동의 시기에 두 차례에 걸쳐 『모던 일본 조선판』이 기획되었다.

프로파간다로서의 『모던 일본 조선판』

『모던 일본 조선판』은 1939년 11월과 1940년 8월에 『모던 일본』의 임시증간호로 간행되었다. 조선 출신 편집장이 직접 주재하여 일본 대중잡지의 '조선판'을 냈다는 사실은 오늘날에도 크

게 주목받으며 2000년대에 한국과 일본 두 나라 모두에서 영인본이 출판되었다. 하지만 이 '조선판'이라는 것이 일본의 식민지 정책을 그대로 받아들여 만들어졌다는 사실은 「내선일체론(內鮮一体論)」, 「내선일체와 교화 사업(內鮮一体と協和事業)」(이상 39년판), 「미나미 총독은 말한다 -본지 기자와의 대담록(南総督は語る 本誌記者との対談録)」, 「조선에서의 황국신민화 운동(朝鮮に於ける皇国臣民化運動)」(이하 40년판) 등 목차의 가장 앞자리를 차지하고 있는 기사 제목만 봐도 명백하다. 하지만 『모던 일본 조선판』이 행하고 있는 식민지 정책의 선전은 '외지'의 조선인들을 향한 것이 아니라 '내지'의 일본인들을 향한 것이었다.

39년판에 실린 「조선판에 부치는 말(朝鮮版へのことば)」에는 "일본 전국에 있는 책 읽는 사람이 한 사람이라도 많이 읽었으면 좋겠다"(기쿠치 간)나 "애정으로 뒷받침된 '조선 인식'의 열망"(세키야 데이자부로(関屋貞三郎), 일본 정치가) 등의 말이 적혀 있다. 이를 통해 『모던 일본』 측이 조선판의 독자를 조선인이 아니라 일본인으로 설정하고 있다는 것을 알 수 있다. '내선일체'라는 말은 조선판이 아닌 다른 『모던 일본』에서는 그렇게 자주 등장하지 않는다. 조선판의 독자가 일본인으로 설정되었다는 것은 여기서 말하는 '내선일체'가 조선인을 황국신민으로 포섭하기 위해 설명된 것이 아니라는 걸 의미한다. 반대로 '내선일체'를 위하여 일본인이 조선에 대해 알고, 조선인을 같은 국민으로 받아들여 주기를 바라는 생각이 조선판에 등장하는 '내선일체'라는 말에 담겨있는 것이다.

1937년 6월부터 1939년 1월까지 일본의 총리대신이었던 고노에 후미마로(近衛文麿)가 「조선판에 부치는 말」에 적은 글을 보면 "조선을 재검토할 기운이 높아지고 있는" 가운데 '조선판'을 간행하는 것은 "현하의 시국에 알맞다"고 적혀 있다. 「조선판에 부치는 말」에 반복되어 등장하는 말이 바로 '시국'이나 '시국상'이다. 여기에서 '시국'이란 '내선일체'를 주장하면서 조선을 포섭해 가려는 제국 일본의 강력한 식민지 침략을 가리키는 것이 아니라 당시 일본이 직면하고 있던 '비상시'나 '국민총동원'을 내세운 전시하 체제를 가리키는 것으로 해석하는 것이 적절하리라 생각된다.

「조선판에 부치는 말」은 조선판의 기획 취지를 일본인 독자에게 설명하고 그 당위성을 풀어낸 것이다. 그 글에 적혀 있는 '내선일체'의 의미는 일본 내지의 독자에게는 전쟁에 이기기 위해 필요한 '국민총동원'의 범위가 식민지로 확장되었다는 뜻이며, 따라서 국민을 총동원하기 위해 식민지 조선을 '재검토'할 필요가 있음을 이야기하는 것이다.

이와 같이 『모던 일본 조선판』에는 독자로 일본인을 상정하고 독자에게 조선을 인식시킨 다음 '조선 재검토'를 촉구하고 있는 구도가 엿보인다. 1938년부터 39년에 걸쳐 『모던 일본』에는 전쟁을 선전하는 색채가 강하게 보였다는 사실을 생각하면, 조선판을 통해 조선 사람을 일본 국민으로 받아들이는 것까지를 총후의 국민이 져야 할 책임으로 부과하고자 한 의도가 보인다. 『모던 일본 조선판』에는 잡지에 나타난 식민지 조선의 표상에서 제국주의적인 억압 구조가 엿보일 뿐 아니라 일본 내지의 독자가 총후의 국민으로서 식민지를 어떻게 받아들일지에 대한 선전 또는 교육이 숨겨져 있었다고 말할 수 있다.

『모던 일본 조선판』39년판과 40년판의 차이

『모던 일본』조선판은 39년판과 40년판 사이에 몇 가지 차이가 존재한다. 우선 39년판에는 수필이나 소설을 중심으로 일본의 문인이나 저널리스트가 조선에 대해 느낀 감상이나 조선인과의 교류 경험을 쓴 글이 많다. 이에 비해 40년판은 세 명의 기자를 조선에 파견하여 취재한 르포르타주 형식의 현지취재 기사가 눈에 띄며 조선의 고전 작품 등을 분석한 기사도 눈길을 끈다.

내용을 자세히 살펴보면 39년판에서 조선의 현실이나 미래의 전망에 대해 이야기하고 있는 것은 일본인이 대부분이다.(「새로운 조선을 이야기하는 좌담회(新しき朝鮮を語る座談会)」, 「조선 경제계의 전망(朝鮮経済界の展望)」 등) 한편 조선인에게는 「평양 기생 내지 명사를 이야기하는 좌담회(平壤妓生内地名士をかたる座談会)」나 「조선 명사 엽서 앙케이트(朝鮮名士葉書回答)」 등을 통해 일본이나 일본과 조선의 교류에 대해 이야기하는 역할이 맡겨져 있었다.

「조선 명사 엽서 앙케이트」는 『모던 일본』측이 제시한 세 가지 질문(1. 내지인이 알아주었으면 하는 것, 2. 내지인에게 말하고 싶은 것,

3. 모던 일본에 대한 감상 및 희망)에 대한 조선인들의 답변을 소개하고 있다. 그중에서 '내지인에게 말하고 싶은 것'이라는 항목에 대한 답을 살펴보면 "허례허식 없이 교류해 주길 바란다"나 "조금 더 표용력이 있으면 좋겠다" 등의 의견이 눈에 띈다. 또 조선의 문학평론가 한식은 「차이와 이해(差異と理解)」라는 에세이에서 "조선의 여러 가지 것이 의외로 일본의 헤이안 시대와 꼭 닮았다"고 말하면서 "표면상의 차이에 사로잡혀 진정한 유래와 성질을 바르게 이해하지" 못한다면 근본적인 유사성을 가지고 있어도 '경멸'이나 '배척'으로 이어질 가능성이 있다고 주장하였다. 또 '내지인'의 눈에 비친 이해하기 힘들고 열등한 조선인의 모습에 대해서도 설명하고 있다.

39년판에 실린 이러한 글을 통해서 보이는 것은 '내지인'의 눈에 의해서만 해석되는 조선과 '내지인'의 승인과 이해에 따라서 일본에 동화되어 가기를 시도하는 조선인의 모습이라고 할 수 있다. 이에 비해 40년판에서는 조선인의 관점에 약간의 변화가 엿보인다. 「조선 여학생 좌담회(朝鮮女学生座談会)」, 「조선 영화계를 짊어진 사람들의 좌담회(朝鮮映画界を背負ふ人々の座談会)」, 「반도의 신극계를 전망하다(半島の新劇界を展望する)」 등 조선인이 자기 스스로 자신에 대해 이야기를 하거나 조선의 전망에 대해 이야기하는 자리가 다소나마 마련되어 있었다는 것이 39년판과 달라진 점이라고 할 수 있다.

또 39년판과 40년판의 또 다른 차이는 기사의 주된 소재가 되는 조선의 지역이 다르다는 점이다. 39년판에 실린 소설이나 감상문 대부분은 조선의 수도이자 1930년대부터 모던 도시로서 발전을 이루어낸 경성보다는 마해송의 고향인 개성이나 평양, 금강산 등 지방을 소재로 하고 있다. 이와 같은 경향은 「새로운 조선을 이야기하는 좌담회」에도 나타나 있는데 좌담회의 참가자들은 조선의 지역 중 "인상에 남아 있는 곳"으로 "내지화된" 경성보다 평양 등의 지방을 언급하고 있다. 그중에서도 참가자들이 가장 큰 흥미를 나타낸 지역은 한센병 환자가 격리되어 생활하고 있는 소록도였다.

식민지 시대에는 〈내지/일본〉과 〈외지/조선〉이라는 큰 〈중앙─변경/지방〉의 구도가 존재하였으며 나아가 조선 안에서도 경성과 지방의 〈중앙─변경/지방〉의 구도가 존재했다. 즉 당시 일본과 조선의 지방 사이에는 이중의 〈중앙─변경/지방〉의 구도가 존재한 것이다. 39년판에 나타난 조선의 표상은 그 이중 구도 속에서 변경의 변경으로서 위치하고 있으며 일본 내지와 비교하여 이중의 지방화에 의한 격차가 더욱 부각되어 있다고 할 수 있다.

그러나 40년판이 되면 「경성의 추억(京城の思ひ出)」, 「경성에서의 10일간(京城の十日間)」, 「경성의 번화가 탐방기(京城の盛り場探訪記)」, 「경성 학생 생활 르포르타주(京城学生々活ルポルタージュ)」, 「변해가는 경성 거리(移り変る京城の街)」 등 경성에 관한 기사가 39년판에 비해 비약적으로 많아지는 현상이 눈에 띈다. 경성을 다룬 글의 내용을 살펴보면 "지금은 은행, 보험회사, 상점, 각 백화

점, 부민관, 우체국 등이 차례차례 세워져 완연히 근대도시의 형상"(「변해가는 경성 거리」)을 갖추게 된 경성의 변모된 모습이 나타나 있다. 또 경성의 대표적인 번화가인 '혼마치(本町)'와 종로의 카페나 바를 상세히 소개(「경성의 번화가 탐방기」)하는 등 모던 도시로서의 경성의 모습을 강조하는 내용이 자주 등장하게 되었다.

이러한 39년판과 40년판의 두 차이점에서 보이는 것은 39년판에 비해서 40년판 쪽이 제국과 식민지라는 억압구조에서 다소나마 벗어나 있다는 점이다. 39년판이 보여주는 것이 로컬화된 조선과 또 제국의 눈을 통해서만 그 존재가 인식되는 조선의 표상이었다고 한다면 40년판에 나타나 있는 것은 조선인들이 중심이 된 조선과 조선인들이 자신의 눈으로 바라보고 있는 조선이라고 할 수 있을 것이다.

즉 『모던 일본 조선판』의 40년판은 39년판보다 어느 정도 『모던 일본』이 맡고 있던 식민지 정책을 선전하는 역할에서 조금 떨어져서 조선을 소개하고 있는 듯이 보인다. 그러나 거기에는 눈에 보이지 않는 또 하나의 숨겨진 노림수가 있었다. 그건 조선인들의 근대성과 자율성을 강조하는 것이 더욱 강력한 신민화로 이어진다는 구도이다. 39년판은 조선을 깊게 이해하는 것이 '시국적'으로 알맞은 일이며 또 조선이 제국 일본과 동화되기 위하여 '내지인'의 승인을 얻고자 한다는 점을 가지고 '내선일체'를 선전하고 있다. 하지만 40년판은 조선의 근대성이나 조선인들의 자기인식을 강조함으로써 자발적이며 적극적으로 자신을 제국 일본의 국민이라는 자리에 두고자 하는 조선과 조선인상을 드러내고 있다고 할 수 있다.

이 부분을 자세히 살펴보면 39년판은 일본인에게 이전보다 더 자세히 조선을 소개하고는 있다. 하지만 기쿠치 간이 말한 것처럼 "조선이라고 하면 일반 사람에게는 금강산과 기생 정도밖에 알려지지 않았다"(「조선판에 부치는 말」)고 하는 실정에서 한 걸음 더 나아가지는 못하고 그 이전까지의 조선에 대한 상식을 그대로 답습하는 결과를 낳았다. 그에 비해 40년판은 조선의 고전이나 신극, 영화에 이르기까지 다양한 분야의 조선과 온갖 계층의 사람들─문학자, 예술가, 여학생, 학생, 기생 등─을 다루며 그들의 생활이나 조선인이 품고 있는 조선에 대한 생각을 지면에 반영했다. 그러나 동시에 40년판에는 「조선에서의 황국신민화 운동」이나 「지원병 훈련소 방문기(志願兵訓練所訪問記)」 등의 기사를 통해 적극적으로 전쟁에 참가하는 조선인의 모습이 그려져 있으며 「조선독본(朝鮮読本)」에는 "전쟁이 일어난 이래" "애국심에 불타" 자기 스스로 나서서 창씨개명을 하고자 한 사람이 석 달 만에 약 170만 명에 달했다는 사실이 적혀 있다.

39년판에서 보인 '내지인'의 승인을 필요로 하던 수동적인 외지인의 이미지와 40년판에 그려진 조선인은 동떨어져 있다. 근대 도시에서 살아가는 조선인들의 모습과 군국주의에 찬동하는 조선인을 동시에 등장시키는 40년판은 고통받고 억압받아 저항하는 식민지 사람들을 보이지 않게 만들었다. 대신에 조선의 근대적인 이미지와 조선인들에게 보장된 발언권을 강조하는 글쓰기로 내지의 독자에게 조선을 유토피아적인 식민지로 내보이고 있던 것이다. 그러한 의미에서 일본인의 시선에 철저하게 의존하고 있던 39년판보다 조선의 근대성을 강조하고 조선인의 자주성을 존중하는 듯이 보이는 40년판 쪽이 더 강력한 제국주의적 프로파간다로서 역할을 수행하고 있었다고 할 수 있다.

『모던 일본 조선판』에 나타난
프로파간다의 특징과 마해송

『모던 일본』에 나타난 프로파간다의 특징으로는 양방향성과 양극성을 들 수 있다. 『모던 일본』에서는 잡지 지면을 통해 전장에 보내는 위문과 총후를 향한 격려가 별개로 행해진 것이 아니라 전장과 총후를 항상 나란히 놓음으로써 양자를 연결하는 동시에 양방향으로 위문과 격려를 보낸 것이다.

1939년 7월에 『문예춘추』, 『중앙공론』, 『개조』, 『일본평론』이라는 일본의 4대 종합잡지가 시국강연회를 히비야공회당(日比谷公会堂)에서 개최하였다. 또 『부인공론』은 1941년 4월 국민생활협회(国民生活協会)를 발족시켜 독자를 대상으로 회원을 모으는 등 다른 잡지는 독자를 조직화하는 형태로 총후 운동을 진행하고 있었다. 그에 반해 『모던 일본』은 지면에서 '보이지 않는 전장'을 가시화시켜 전선의 병사와 총후의 독자를 연결하고자 했다. 또 식민지와의 관계에서는 극명한 제국주의가 표출되는 가운데 나타난 이중으로 지방화된 조선과 '내지인'의 이해를 구하는 열등한 조선인의 모습이 근대적이고 자율적인 조선과 조선인상으로 변화하는 양극적인 식민지의 현실을 보여줌으로써 교육받은 사람들에 의해 자발적으로 '내선일체'가 진행되고 있음을 선전하였다.

군국주의의 프로파간다로서 『모던 일본』이 행한 활동, 특히 제국주의를 선전한 활동의 책임을 피하려고 한 것인지 아니면 정말로 의도치 않았는지 알 수는 없지만 마해송이 생전에 1940년대의 『모던 일본』을 언급하는 일은 별로 없었다. 그러한 마해송의 행동과 어떤 영향 관계가 있다고는 단정할 수 없지만 적어도 『모던 일본』에 관한 선행연구에서 잡지 그 자체에 보이는 제국주의에 대한 비판은 있어도 그 비판을 마해송 개인에게 돌리는 일은 피해져 왔다. 그가 『모던 일본』의 편집장이며 모던일본사의 사장이라는 책임자의 위치에 있었다고 해도 『모던 일본』의 프로파간다화에 마해송 자신이 적극적으로 관여한 증거나 기록 등이 발견되지 않았기 때문이다. 거기다 한 개인일 뿐인 식민지 출신 청년이 제국의 시스템 속에서 '시국'에 거스르는 일은 불가능했으리라는 시선도 마해송에 대한 비판을 약화시키는 하나의 요인이라고 생각된다. 그렇기에 1924년에서 1945년까지 마해송이 일본에 있었던 기간에 대한 '전쟁 책임'의 문제는 아직도 논쟁 중이다.

현재, 식민지 시기의 마해송에 대한 평가는 친일과 반일로 극명하게 나누어져 대립하고 있다. 이러한 평가는 당시 마해송의 활동을 어느 관점에서 바라보느냐와 밀접한 관련이 있다. 마해송은 조선에서는 평화로운 토끼 나라를 침략한 원숭이들의 강압과 폭거를 그린 「토끼와 원숭이」(1931)처럼 일본의 지배에 저항하는 동화를 발표하였다. 하지만 그와 동시에 일본에서는 모던일본사의 사장이자 인기 잡지 『모던 일본』의 편집장으로 활동하며 일본의 정책에 부응하는 방향으로 잡지를 펴내기도 했다. 이 지점에서 동화작가로서의 활동만을 근거로 마해송을 반일이라고 평가하는 사람들과 일본에서의 활동을 근거로 마해송을 친일이라고 판단하는 사람들이 나뉘게 되는 것이다.

당시 일본에서 마해송과 가까이 지냈던 인물들은 그를 조선인으로서의 아이덴티티를 지키고자 한 인물로 기억하는데 『아버지 마해송』에는 그러한 일화들이 다수 수록되어 있다. 예를 들면 일본에서 활동하면서도 마해송은 조선식 이름을 고집하여 '마(馬)'라는 성을 일본어로 발음하여 '바'로 부르면 화를 냈다는 일화나 스승인 기쿠치 간이 마해송을 가리켜 "민족성이 강한 진짜배기 조선인"이라고 말한 일 등이 소개되어 있다. 그러나 한편으로 마해송은 『모던 일본 조선판』 40년판에 실린 「잡기(雜記)」라는 글에서 "조선인은 일본인이며 일본어는 국어"라고 말하였다. 또 대표적인 친일 문학자로 알려진 이광수, 최남선이 조선인 유학생에게 학도병 지원을 권유하기 위해 도쿄에서 열린 집회에 참가했을 때 마해송은 그 집회의 준비에 자신이 일조하였다는 사실을 「도쿄대

담(東京対談)」(『조선화보(朝鮮画報)』 1944.1)이라는 간담회를 통해 밝혔다.

위와 같은 사실은 식민지 시대에 조선인으로서의 민족적 아이덴티티를 긍정하면서 『모던 일본 조선판』 등을 통해 조선에 대해 알리고자 했던 마해송과 제국 일본의 일원으로서 국가정책에 찬동하는 움직임을 보인 마해송이 공존하고 있었다는 사실을 알려준다. 그리고 이처럼 한 방향으로 단정 내릴 수 없는 마해송의 활동이 그에 대한 평가를 더욱 어렵게 만들고 있다.

우리는 흔히 식민지 시대에 활동한 어떤 인물을 언급할 때 친일과 반일이라는 이항대립구도를 이용하여 평가하고는 한다. 식민지 시대부터 현재까지 한국 사회에서 친일은 곧 일본에 대한 협력이자 반민족적인 행위로 규정되며 반일은 일본에 대한 저항과 민족주의와 연결된다. 그러나 이러한 이항대립적 구조에 반론을 제기하는 사람도 있다.

조관자는 『식민지 조선/제국 일본의 문화 연환(植民地朝鮮/帝国日本の文化連環)』(2007)에서 "식민지 권력에 협력하여 민족의 생존과 이익을 도모하고자 하는 민족운동"의 존재를 지적하며, 이러한 '민족을 위한 친일'을 '친일 내셔널리즘'이라고 이름 붙였다. 민족이 생존하기 위해서는 조선이라는 민족적 아이덴티티를 부정하고 일본화되는 길을 선택하는 사람들이 있었으며, 생존을 위한 친일행위는 반민족적인 행위가 아닌 민족을 위한 일이라고 생각하는 사람들이 있었다고 주장한 것이다. 이러한 조관자의 주장은 식민지 시대의 민족과 제국을 둘러싼 움직임이 이항대립구도에서 벗어나 복잡한 양상을 보이고 있었음을 나타낸다.[2]

마해송이 식민지 시대에 일본에서 어떠한 활동을 하였으며 어떠한 업적을 이루었는지는 아직도 많은 부분이 명확히 규명되지 않은 채이다. 마해송의 동화연구가 어느 정도 축적을 보이고 그의 작품이 10권의 전집으로 출판되는 등 동화작가로서 마해송이 이룬 업적이 확립되어가는 것과는 대조적이다. 어떻게 보면 친일과 반일이라는 이항대립구도에 대한 우려로, 다시 말하자면 만약에 그가 친일행위를 한 것이 드러났을 때 기존의 그에 대한 평가가 무위로 돌아가지 않을까 하는 우려 때문에 『모던 일본』시대에 마해송이 이룬 성과가 외면받고 있는 것과 같은 모양새이다.

그러나 마해송이 『모던 일본』의 프로파간다화에 어떻게 관여했는지와는 별개로 잡지 미디어를 통해 일본 문화계에서 이룬 그의 업적은 존중받아야 하며 가치 있는 일이었다고 생각한다. 마해송을 둘러싼 이러한 문제는 과거의 문제가 아니라 이후에도 우리가 직면해야 하는 역사 인식의 문제와도 밀접한 관계가 있기에 『모던 일본』의 편집장이자 문화인으로 활약한 마해송의 식민지시기 활동에 대해서 앞으로 더 많은 발굴과 연구가 필요할 것이다.

나오며

흔히 일본의 1930년대를 모던의 시대라고 한다. 서양에서 건너온 모던은 일본식으로 바뀌어 대중문화와 생활 전반의 유행으로 급속도로 퍼져 나갔고 이윽고 바다를 건너 경성에까지 밀려들었다. 1930년대 후반에는 경성 역시 모던걸과 모던보이가 거리를 장악하고 모던 문화가 넘실대는 근대도시로 탈바꿈하였다. 이 근대와 모던을 연결하는 심상적 연결고리는 굉장히 강고한 것으로 아직까지도 모던은 세련된 근대의 문화, 근대의 유행을 표상하는 이미지로 미디어에 등장하고 있다.

그러나 모던은 실제로는 찰나의 꿈이라고 할 수밖에 없을 정도로 눈 깜짝할 새에 자취를 감추었다. 1931년 만주사변을 거쳐 1937년 중일전쟁으로 이어지며 일본이 본격적인 전시 체제로 들어감에 따라 모던 문화는 사회의 전면에서 한발 물러서게 되었고 곧 사람들의 기억에서 잊혀 갔다. 하지만 10여 년의 짧은 시간 동안이지만 사회와 문화 속에 깊숙이 파고들었던 모던은 정말로 흔적도 없이 사라진 것일까. 이 책은 그러한 의문에 답을 찾아가는 과정이었다.

이 책에서 '모던'계 잡지라는 잡지 미디어를 통해 살펴본 1930년대의 모던은 독자로 대표되는 대중을 다양한 방향으로 행동하게끔 유도하였으며 여성과 지방, 식민지라는 제국의 중심부에서 벗어나 있지만 간과할 수 없는 근대의 문제를 포괄하고 있는 것이었다. 모던은 단순히 근대에 유행한 어떤 현상이나 공간, 매체 등의 문화를 뜻하는 것이 아니라 대중의 행동 양식 그 자체였다고 해도 과언이 아닐 것이다. 그것은 대중을 행동하는 주체로 변화시킨 원동력이었으며 대중은 잡지를 비롯한 미디어를 통해 모던 문화인 스포츠를 경유하여 내셔널리즘까지 주체적으로 받아들이게 되었다.

전시하 체제에서 모던은 현상으로서는 사라지게 되었지만 대중의 행동 양식으로는 남아 파시즘에 동원되었고 이를 양분으로 대중은 전쟁의 충실한 행위자인 '국민'으로 변모해갔다. 역사의 뒤편으로 사라진 것 같던 모던은 일본의 근대에 등장한 대중과 함께 근대의 기저에 늘 존재하고 있었던 것이다.

현재 우리는 대중문화나 서브컬처라는 키워드에 적극적으로 생산적인 가치를 부여하는 시대를 살고 있다. 하지만 대중문화가 사회에서 긍정적인 방향으로 받아들여지기 시작한 것은 불과 몇십 년이 지나지 않았다. 처음 등장한 무렵부터 상당 기간 통속문화라는 이름으로 비하되었던 근대의 대중문화는 아직도 문화적인 생산력을 제대로 평가받고 있지 못하다. 근대의 대중문화가 그 가치를 새롭게 재평가받을 수 있는 날이 올 때까지 '모던'계 잡지를 비롯한 일본의 대중잡지, 그리고 조선의 대중잡지에 대한 관심을 이어가는 것을 앞으로의 숙제로 삼고자 한다.

주석

제1장 대중의 시대와 잡지 미디어

1　佐藤義亮(1931)『現代猟奇尖端図鑑』新潮社, p.33.
2　[표 1] 및 [표 1]에 관한 내용은 張ユリ(2014)「雑誌『モダン日本』が構築した「モダン」―雑誌のブランド化と読者戦略―」『文学語学』第211号、全国大学国語国文学会、pp.32-46을 참조하였음.

제2장 잡지『모던 일본』이 구축한 모던과 행동하는 독자

1　제2장은 張ユリ(2014)「雑誌『モダン日本』が構築した「モダン」―雑誌のブランド化と読者戦略―」『文学語学』第211号、全国大学国語国文学会、pp.32-46을 수정·가필한 것임을 밝혀둔다.
2　마해송(2000)『아름다운 새벽』문학과지성사, p.215.
3　『모던 매거진』은 잡지 이름에 지역명이 들어가지는 않았지만 오사카 지역을 중심으로 간행된 잡지이다.
4　마해송(2000)『아름다운 새벽』문학과지성사, pp.207-208.

제3장 행동하는 대중과 내셔널리즘의 조우

1　제3장은 장유리(2018)「1930년대 일본의 모던에서 파시즘으로의 전환기 연구 -〈대중의 주체성〉과 스포츠·올림픽을 매개로 하여 -」『日本語文學』第82輯, 日本語文學會, pp.581-600을 수정·가필한 것임을 밝혀둔다.

2 小柳浩(1929)「スポーツ・ダンス・カフエー・俠客物の社会的意義」、『サラリーマン』第2巻1号、サラリーマン社、p.36.

3 '스포츠 소설'의 시작은 아베 도모지(阿部知二)의 소설「일독대항경기(日独対抗競技)」(『신초(新潮)』1930.1)로 모던 문화가 정점에 달했던 1930년에 등장하여 폭발적인 인기를 끌었다. '스포츠 소설'은 문단에서 화제를 불러일으키며 하나의 흐름을 형성했지만 2년 정도밖에 지속되지 않은 짧은 유행으로 끝나고 말았다.

제4장 '모던'계 잡지 속의 여성

1 제4장은 張ユリ(2016)「1930年代初期の大衆娯楽雑誌における女性像—「モダン」系雑誌と「ロマンティック・ラブ・イデオロギー」を軸に—」『日本語文學』第72輯、日本語文學會、pp.377-400을 수정・가필한 것임을 밝혀둔다.

2 미리엄 실버버그 저, 강진석 외 역『에로틱 그로테스크 넌센스 —근대 일본의 대중문화』현실문화, 2014, p.105.

3 대표적인 연구로 伊藤るり他編『モダンガールと植民地的近代—東アジアにおける帝国・資本・ジェンダー—』(岩波書店, 2010)나 서지영『경성의 모던걸 소비・노동・젠더로 본 식민지 근대』(여이연, 2013) 등을 들 수 있다.

4 立花美子(1936)「男装して女の知らない世界を探る」『モダン日本』第7巻9号、モダン日本社、p.82.

5 上司小劍 外18名(1930)「推奨すべきモダン・ボオイ/推奨すべきモダン・ガアル」『モダン日本』第1巻2号、文藝春秋社、p.3.

6 『모던 라이프』1933.4에는 하야시 후미코의 글 외에 여성 문학자는 아니지만 에르츠도르프 하쓰코(エルツドルフ・初子)라는 여성이 쓴 글(「독일인의 아내가 되어 내 일생은 행복해!(独逸人の妻となりし私の一生は幸福なるや!)」)이 한 편 실려 있다.

제5장 '모던'계 잡지로 보는 1930년대 일본 지역사회의 대중문화

1   제5장은 장유리(2021)「1930년대 '모던'계 잡지로 보는 일본 지역사회의 대중문화 수용 양상」『日本語文學』제91집, 한국일본어문학회, pp.343-365를 수정·가필한 것임을 밝혀둔다.

2   小林昌樹編(2011)『雑誌新聞発行部数事典—昭和戦前期　附.発禁本部数総覧』金沢文圃閣、pp.68-240.

3   鞍信一(1989)「僕がモボだった頃」『昭和モダン』石川県立歴史博物館、p.69.

4   本康宏史(2002)「伝統の街を彩ったモダンな息吹—鞍コレクションが語る半世紀—」『北國文華』第13号、北國新聞社、pp.75-76.

5   横溝三二(1936)「巻頭言」『モダン横浜』創刊号、衆文社、p.6.

제6장 모던을 벗어나 제국주의로—1930년대 후반 이후의『모던 일본』

1   제6장은 張ユリ(2014)「1930年代後半における雑誌『モダン日本』の編集体制——前線と銃後、植民地朝鮮をめぐって——」『名古屋大学国語国文学』第107号、名古屋大学国語国文学会、pp.49-62를 수정·가필한 것임을 밝혀둔다.

2   張ユリ(2015)『1930年代の帝国日本におけるモダニズムの諸様相-空間·メディア·植民地-』名古屋大学大学院博士論文、pp.142-143.

참고문헌

1차 자료 : 일본어 잡지

『サンデー毎日』1935-1943

『週刊朝日』1935-1943

『新太陽』1943.1-1945.1

『文藝春秋』1930-1942

『モダン』1927.11, 12

『モダン金沢』1931.1

『モダン・ダンス』1933.2

『モダン東京』1935.3, 1936.6, 8, 10

『モダン日本』1930.10-1942.12

『モダン日本 朝鮮版』1939.11, 1940.8

『モダン風』1931.6

『モダン満州』1939.4, 7, 9

『モダン横浜』1936.1

『モダンライフ』1933.3, 4

2차 자료

권학준(2005)「帝國日本의 國家戰略에 대한 일고찰」『일본어문학』제28집, 일본
　　어문학회, pp.319-344.

　　　　(2009)「戰時期日本における「幻の東京オリンピック」の祝祭性と政治性
　　　　に関する考察」『일본학연구』제28집, 단국대학교 일본연구소, pp.117-

138.

마해송(2000)『아름다운 새벽』문학과지성사, pp.207-215.

신하경(2009)『모던걸 일본제국과 여성의 국민화』논형, pp.168-209.

장유리(2017)「1930年, 競技場の中の身体を描くということ-阿部知二「スポーツ小説」の可能性を問う-」『일본어문학』제76집, 일어일문학회, pp.385-404.

_____(2018)「1930년대 일본의 모던에서 파시즘으로의 전환기 연구-〈대중의 주체성〉과 스포츠·올림픽을 매개로 하여-」『日本語文學』제82輯, 日本語文學會, pp.581-600.

_____(2021)「1930년대 '모던'계 잡지로 보는 일본 지역사회의 대중문화 수용 양상」『日本語文學』제91집, 한국일어문학회, pp.343-365.

飯田祐子(2002)『『青鞜』という場―文学·ジェンダー·〈新しい女〉』森話社、pp.1-251.

池井優(1992)「スポーツの政治的利用-ベルリンオリンピックを中心として-」『法学研究』第65巻2号、慶應義塾大学法学研究会、pp.9-31.

池田浩士(1997)「「動員」の構造―ナチのベルリンオリンピック」『月刊フォーラム』第9巻5号、フォーラム90s、pp.10-21.

五木寛之·菊地昌典(1975)「対談 30年代の歴史と文学を考える「-70年代を視座として-」『国文学 解釈と教材の研究』第20巻9号、学灯社、p.8.

伊藤るり·坂元ひろ子·タニ·E·バーロウ 編(2010)『モダンガールと植民地的近代―東アジアにおける帝国·資本·ジェンダー―』岩波書店、pp.1-317.

海野弘(2008)「菊池寛と「モダン日本」の時代。」『東京人』第23巻7号、都市出版、pp.140-145.

小川玲美子(2014)「金沢モダニズム：1932年金沢市主催「産業と観光の 大博覧会」と『モダン金澤』を例に」『デザイン理論』第64号、意匠学会、p.103.

川村湊(1998)「馬海松と『モダン日本』」『文学史を読みかえる(2)「大衆」の登場』インパクト出版会、pp.120-127.

権学俊(2006)『国民体育大会の研究-ナショナリズムとスポーツ·イベント』青木書店、pp.1-437.

鞍信一(1989)「僕がモボだった頃」『昭和モダン』石川県立歴史博物館、p.69.

小林昌樹編(2011)『雑誌新聞発行部数事典—昭和戦前期　附.発禁本部数総覧』金沢文圃閣、pp.68-246.

小林美恵子(2004)「『香に匂ふ』——「かげ膳」を据えたがる〈女たち〉——」『国文目白』第43号、日本女子大学、p.89.

佐々木靖章(2002)「幻の雑誌ならぬ『モダン東京』」『日本古書通信』第871号、日本古書通信社、pp.22-23.

＿＿＿＿＿(2002)「戦前の「モダン」名の雑誌」『日本古書通信』第874号、日本古書通信社、pp.8-10.

佐藤義亮(1931)『現代猟奇尖端図鑑』新潮社, p.33.

座談会(1931)「オール・スポーツ座談会」『新潮』第28巻1号、新潮社、pp.123-158.

張ユリ(2014)「1930年代後半における雑誌『モダン日本』の編集体制——前線と銃後、植民地朝鮮をめぐって——」『名古屋大学国語国文学』第107号、名古屋大学国語国文学会、pp.49-62.

＿＿＿＿(2014)「雑誌『モダン日本』が構築した「モダン」—雑誌のブランド化と読者戦略—」『文学語学』第211号、全国大学国語国文学会、pp.32-46.

＿＿＿＿(2015)「馬海松における国家観形成——生存をめぐる民族と国家の問題を中心に——」『JunCture　超越的日本文化研究』第6号、名古屋大学大学院文学研究科附属「アジアの中の日本文化」研究センター、pp.130-143.

＿＿＿＿(2015)『1930年代の帝国日本におけるモダニズムの諸様相-空間・メディア・植民地-』名古屋大学大学院博士論文、pp.1-208.

＿＿＿＿(2016)「1930年代初期の大衆娯楽雑誌における女性像—「モダン」系雑誌と「ロマンティック・ラブ・イデオロギー」を軸に—」『日本語文學』第72輯、日本語文學會、pp.377-400.

鈴木貞美(1992)『モダン都市の表現——自己・幻想・女性——』白地社、p.16.

竹内栄美子(2013)「銃後—佐多稲子「香に匂ふ」」『戦争を読む』ひつじ書房、pp.100-103.

田中卓也(2009)「近代少年雑誌における読者に関する一考察-明治期～昭和初期における『少年世界』読者の特徴を中心に—」『順正短期大学研究紀要』第38号、順正短期大学、pp.27-40.

田中久徳(1989)「旧帝国図書館の和雑誌収集をめぐって―「雑誌」メディアと納本制度―」『参考書誌研究』第36号、国立国会図書館、pp.1-21.

デイヴィッド・クレイ・ラージ 著・高儀進 訳(2008)『ベルリンオリンピック1936―ナチの競技』白水社、pp.1-542.

鉄道弘済会三十年史編纂委員会(1962)『鉄道弘済会三十年史』鉄道弘済会、pp.1-290.

デビット・ノッター(2007)『純潔の近代――近代家族と親密性の比較社会学』慶応義塾大学出版会、pp.3-7.

東京堂年鑑編集部『出版年鑑』東京堂、1932-1939

永嶺重敏(1997)『雑誌と読者の近代』日本エディタースクール出版部、pp.1-278.

中村三春(2006)『修辞的モダニズム-テクスト様式論の試み-』ひつじ書房、pp.189-245.

浜崎廣(1998)『雑誌の死に方 "生き物"としての雑誌、その生態学』ニュース社、p.112.

浜田幸絵(2011)「1932年ロサンゼルス・オリンピックのメディア表象」『マス・コミュニケーション研究』第79号、日本マス・コミュニケーション学会、pp.111-131.

疋田雅昭・日高佳紀・日比嘉高 編(2009)『スポーツする文学―1920-30年代の文化詩学』青弓社、pp.1-332.

婦人公論編集部(1965)『婦人公論の五十年』中央公論社、pp.1-258.

文藝春秋編集部(1959)「「文藝銃後運動」時代」『文藝春秋三十五年史稿』文藝春秋新社、pp.93-98.

堀場清子(1988)『青鞜の時代―平塚らいてうと新しい女たち』岩波書店、pp.1-261.

洪善英(2010)「雑誌「モダン日本」と「朝鮮版」の組み合わせ、その齟齬」『植民地朝鮮と帝国日本』勉誠出版、pp.55-65.

前田愛(1973)『近代読者の成立』有精堂、pp.1-310.

水島かな江(2006)「大衆雑誌『キング』にみる家庭の娯楽―創刊から昭和初期まで―」『生活学論叢』第11号、日本生活学会、pp.3-11.

本康宏史(2002)「伝統の街を彩ったモダンな息吹―鞍コレクションが語る半世紀

―」『北國文華』第13号、北國新聞社、pp.70-81.

盛合尊至(1998)「馬海松と『モダン日本』―戦前日本における朝鮮文化の紹介―」『国際文化研究』第5号、東北大学国際文化学会、pp.109-122.

安福智行(2000)「『モダン日本』から見た太宰治『姥捨』について」『京都語文』第5号、佛教大学、pp.226-235.

山口俊雄編(2012)『日本近代文学と戦争―「十五年戦争」期の文学を通じて』三弥井書店、pp.1-273.

山口誠(2013)「メディアの文脈から問う-ベルリン・オリンピック放送の聴取空間を事例に-」『メディア史研究』第33号、ゆまに書房、pp.29-52.

吉見俊哉(2008)『都市のドラマトゥルギー-東京・盛り場の社会史-』河出書房新社、pp.200-266.

경북대학교 인문교양총서

경북대학교 인문교양총서 1

한글 편지로 본 조선 시대 선비의 삶
★2011년 문화체육관광부 우수교양도서
백두현 | 10,000원 | 2011.02.28.

경북대학교 인문교양총서 2

오직 하나의 독일을
이덕형 | 9,000원 | 2011.02.28.

경북대학교 인문교양총서 3

데카르트의 역설
문장수 | 10,000원 | 2011.02.28.

경북대학교 인문교양총서 4

미하일 바흐친과 폴리포니야
이강은 | 9,000원 | 2011.06.30.

경북대학교 인문교양총서 5

쏘로우와 월든 숲속의 삶
박연옥 | 7,000원 | 2011.08.30.

경북대학교 인문교양총서 6

존 밀턴의 생애와 사상
최재헌 | 9,000원 | 2011.09.08.

경북대학교 인문교양총서 7

토마스 아퀴나스에게 듣는 인간학의 지혜
이명곤 | 10,000원 | 2011.11.30.

경북대학교 인문교양총서 8

노자의 눈에 비친 공자
김규종 | 8,000원 | 2011.12.26.

경북대학교 인문교양총서 9

세계화 시대의 한국연극
김창우 | 12,000원 | 2012.01.31.

경북대학교 인문교양총서 10

새로운 민주주의와 헤게모니
양종근 | 10,000원 | 2012.01.31.

경북대학교 인문교양총서 11	10개의 키워드로 이해하는 아리스토텔레스 철학 전재원 | 9,000원 | 2012.01.31.
경북대학교 인문교양총서 12	삼국유사 원시와 문명 사이 정우락 | 9,000원 | 2012.01.31.
경북대학교 인문교양총서 13	자연을 닮은 생명 이야기 이재열 | 9,000원 | 2012.01.31.
경북대학교 인문교양총서 14	한국 현대 대중문학과 대중문화 전은경 | 10,000원 | 2012.01.31.
경북대학교 인문교양총서 15	함세덕, 그가 걸었던 길 김재석 | 10,000원 | 2012.01.31.
경북대학교 인문교양총서 16	니체와 현대예술 정낙림 | 10,000원 | 2012.05.30.
경북대학교 인문교양총서 17	탈식민주의의 얼굴들 김지현·박효엽·이상환·홍인식 | 10,000원 | 2012.05.31.
경북대학교 인문교양총서 18	임나일본부설, 다시 되살아나는 망령 주보돈 | 9,000원 | 2012.07.30.
경북대학교 인문교양총서 19	김시습과 떠나는 조선시대 국토기행 김재웅 | 10,000원 | 2012.12.31.
경북대학교 인문교양총서 20	철학자의 행복여행 이상형 | 10,000원 | 2013.02.28.
경북대학교 인문교양총서 21	러시아 고전 연애로 읽다 윤영순 | 9,000원 | 2013.02.28.
경북대학교 인문교양총서 22	민족의 말은 정신, 글은 생명 이상규 | 12,500원 | 2013.08.30.

경북대학교 인문교양총서 23	영국 낭만주의 시인들의 자연 친화 김철수 | 7,500원 | 2013.10.10.
경북대학교 인문교양총서 24	동화가 말하지 않는 진실 - 그림 형제의 동화 김정철 | 7,000원 | 2014.02.19.
경북대학교 인문교양총서 25	교양 일본문화론 ★2014년 세종도서 교양부문 이준섭 | 9,000원 | 2014.02.28.
경북대학교 인문교양총서 26	훔볼트 형제의 통섭 김미연 | 10,000원 | 2014.02.28.
경북대학교 인문교양총서 27	사서삼경 이야기 이세동 | 10,000원 | 2014.08.14.
경북대학교 인문교양총서 28	증점, 그는 누구인가 임종진 | 9,000원 | 2014.10.22.
경북대학교 인문교양총서 29	토니 모리슨의 삶과 문학 한재환 | 9,000원 | 2015.05.29.
경북대학교 인문교양총서 30	사고와 언어 그리고 과학과 창의성 김노주 | 10,000원 | 2015.10.20.
경북대학교 인문교양총서 31	괴테, 치유와 화해의 시 최승수 | 8,000원 | 2016.09.09.
경북대학교 인문교양총서 32	기억의 정치와 역사 황보영조 | 10,000원 | 2017.05.10.
경북대학교 인문교양총서 33	일상에서 이해하는 칸트 윤리학 김덕수 | 10,000원 | 2018.04.27.
경북대학교 인문교양총서 34	화두를 찾아서 ★2018년 올해의 청소년교양도서 김주현 | 10,000원 | 2017.11.30.

경북대학교 인문교양총서 35	쾌락에 대하여 전재원 | 9,000원 | 2018.05.28.
경북대학교 인문교양총서 36	유신과 대학 이경숙 | 10,000원 | 2018.06.27.
경북대학교 인문교양총서 37	19세기 유럽의 아나키즘 ★2019년 세종도서 교양부문 우수도서 채형복 | 10,000원 | 2019.01.29.
경북대학교 인문교양총서 38	선비와 청빈 ★2019년 세종도서 교양부문 우수도서 박균섭 | 9,000원 | 2019.03.28.
경북대학교 인문교양총서 39	물리학의 인문학적 이해 김동희 | 10,000원 | 2019.10.31.
경북대학교 인문교양총서 40	비부한선 - 조선시대 노동의 기억 ★2020년 세종도서 교양부문 우수학술도서 김희호 | 9,000원 | 2019.12.26.
경북대학교 인문교양총서 41	누정에 오르는 즐거움 권영호 | 14,000원 | 2019.12.27.
경북대학교 인문교양총서 42	마당극 길라잡이 김재석 | 10,000원 | 2020.06.19.
경북대학교 인문교양총서 43	감정, 인간에게 허락된 인간다움 - 다섯 가지 감정에 관한 철학적인 질문 신은화 | 9,000원 | 2020.08.14.
경북대학교 인문교양총서 44	일연과 그의 시대 한기문 | 10,000원 | 2020.11.16.
경북대학교 인문교양총서 45	대중서사와 타자 그리고 포비아 김상모 류동일 이승현 이원동 | 12,000원 | 2021.2.25.

경북대학교 인문교양총서 46	일본 미디어믹스 원류 시뮬라크르 에도江戸 손정아 | 10,000원 | 2021.5.18.
경북대학교 인문교양총서 47	막심 고리키의 인간주의 이강은 | 10,000원 | 2021.6.14.
경북대학교 인문교양총서 48	최한기의 시대 진단과 그 해법: 통섭형 인재되기 김경수 | 9,000원 | 2021.7.8.
경북대학교 인문교양총서 49	순례의 인문학 – 산티아고 순례길, 이냐시오 순례길 황보영조 | 14,000원 | 2021.7.8.
경북대학교 인문교양총서 50	새봄, 그날을 기다린다 – 나혜석의 봄은 왔을까 정혜영 | 10,000원 | 2022.5.12.
경북대학교 인문교양총서 51	영국 소설, 인종으로 읽다 허정애 | 12,000원 | 2022.5.12.
경북대학교 인문교양총서 52	『논어』 속의 사람들, 사람들 속의 『논어』 이규필 | 12,000원 | 2022.6.8.
경북대학교 인문교양총서 53	거대한 뿌리: 박정희 노스텔지어 강우진 | 출간 예정
경북대학교 인문교양총서 54	자연과 공생하는 유토피아 – 셸링, 블로흐, 아나키즘의 생태사유 조영준 | 12,000원 | 2022.9.8.
경북대학교 인문교양총서 55	철학으로 마음의 병 치유하기 주혜연 | 12,000원 | 2022.10.31.
경북대학교 인문교양총서 56	애덤 스미스 『도덕감정론』 읽기 – 상업사회 탐구 김영용 | 15,000원 | 2023.8.14.
경북대학교 인문교양총서 57	1930년대 일본, 잡지의 시대와 대중 – 『모던 일본』과 '모던'계 잡지 장유리 | 12,000원 | 2023.8.31.

경북대학교 인문교양총서 58 | **온라인 친구와 아리스토텔레스의 친구 사랑의 철학**
전재원 | 12,000원 | 2023.8.30.

경북대학교 인문교양총서 59 | **식민지 학생 강제 노동**
- 대구군사지대의 ILO국제법 위반 사례
김경남 | 출간 예정